Har

La Especialidad de cada ÁNGEL

EDITORIAL LIBRA, S.A. DE C.V.

(c) 1997 por Editorial Libra, S.A. de C.V. Melesio Morales 16, Col. Guadalupe Inn (San Ángel), México 01020, D.F. Tel: 660 55 61 y Fax: 664 14 54.

Idea original, título y temas de contenido: Sra. Georgina Greco.
Colaboración pagada y remunerada: J.G.G. - Harry Marcel

ISBN: 970 - 606 - 097 - 9

Octava edición: enero del 2000

Impreso en México
Printed in Mexico

ÍNDICE

PRÓLOGO

La humanidad se encuentra en un estado de transición dolorosa. Por dondequiera estallan las guerras, aparece el hambre y surgen nuevas epidemias.

¡SE HAN PERDIDO TODOS LOS VALORES!

La solución y la respuesta está en el cielo, pero al alcance de tus manos. La solución no sólo será para el mundo, sino para ti mismo como persona, ya que puedes recurrir a un Ángel en particular según sea tu necesidad.

Este libro, para el cual se ha investigado exhaustivamente la Ciencia de los Ángeles, señala el nombre y el don que cada Ángel hace a la humanidad.

Si cada uno de nosotros restituye los valores sociales y familiares, lo más seguro es que el mundo cambie rápidamente, que se resuelvan las guerras y se acabe el hambre y las enfermedades virales que, como el SIDA, están diezmando al hombre.

Recuperando los valores, el planeta será nuevamente nuestro y los vínculos de la familia -célula básica de la sociedad-, se volverán más estrechos y más fuertes.

Entre más valores se arraiguen en el alma de los niños y de los jóvenes, más se pondrá en relieve la sabiduría del axioma latino cuya importancia demostró la vida de Jesús:

OMNIA VINCIT AMOR

Sí, el amor lo vence todo. Y a eso se agregan los Ángeles
de la Salud, la Confianza, la Lealtad, la Compasión y
todos esos valores morales que un día convirtieron al ser
humano en el Rey de la Tierra.

✠   ✠   ✠   ✠   ✠   ✠   ✠

INVOCACIÓN A LOS ÁNGELES

Dame licencia Señor, para invocar al Ángel de mi devoción, ya que quiero su protección y su compañía.

Sólo teniéndolo cerca seré capaz de salir adelante mediante sus revelaciones de sabiduría infinita, recuperando o fortaleciendo valores humanos, que me permitirán quererme y entenderme de mejor manera.

En la medida que yo logre mi propio restablecimiento físico y espiritual seré capaz, igualmente, de recuperar y fortalecer mis relaciones con quienes me rodean, ya sea en mi propio hogar, en la escuela, el trabajo, o cualesquiera otros lugares en los que me desenvuelva.

Sé que los Ángeles están dispuestos en todo momento a acudir a nuestro llamado, siempre y cuando Tú lo permitas. Así que humildemente me arrodillo ante ti para pedírtelo.

Gracias, Señor, por concederme acudir a esa fuente de sabiduría que Tú le has transmitido a tu corte celestial, a fin de que la ponga a disposición de los humanos.

Alabado seas.

CAPÍTULO I

ALIJAEL

ÁNGEL DEL PERFECCIONAMIENTO

Yo te pido que intercedas ante Dios, a fin de que me permita actuar lo más consciente, prudente e inteligentemente posible. Desde el fondo de mi corazón, ser mejor y hacer mejor lo que ahora puedo hacer bien.

Auxíliame, Ángel Alijael, a fin de lograr mi empeño en convertirme, cada día, en una mejor persona capaz de anteponer los intereses de todos aquellos involucrados en mis propias empresas, a los míos propios.

Yo deseo, obviamente, beneficiarme personalmente de todo lo que hago, pero deseo que quienes me apoyan salgan igualmente beneficiados, de modo que yo pueda salir triunfante, ahora y a futuro, en todo aquello que emprenda.

Por mi parte, yo trataré hasta donde más sea posible, de mejorar no sólo mi propia calidad como ser humano, sino de todo aquello que hago u ofrezco a otros.

Por el bien de la humanidad entera: ¡Gloria al Ángel Alijael!

RESPUESTA DEL ÁNGEL ALIJAEL

"Mi nombre es Alijael, y el don que Dios me permitió difundir por toda la Tierra es el del perfeccionamiento, que es el de la superación constante.

La perfección no constituye, de hecho, un altísimo nivel estático al que pretendas llegar o haber llegado. Como quiera, aspirar a la perfección podría resultar, en cierto modo, creativo; sin embargo, imaginar siquiera que pudieras haber logrado la perfección, resultaría fatal: pronto verías a aquéllos, empeñados en una superación constante, rebasarte.

Ante todo, debes entender el perfeccionamiento como un dinamismo encaminado hacia la mejoría constante de tu calidad integral como ser humano, la cual debe reflejarse en tu persona, tus acciones, tus actividades, y principalmente en tus recursos.

CUALQUIER ACTIVIDAD QUE TÚ REALICES, POR BIEN QUE LA HAGAS, SI NO TE REPORTA BENEFICIOS PRÁCTICOS, ESTÁ SIENDO MAL ADMINISTRADA; ESTO ES, TÚ, COMO SER HUMANO, ESTARÁS DESCUIDANDO EL ÁREA QUIZÁS MÁS IMPORTANTE DE TU CALIDAD INTEGRAL COMO PERSONA: LA CAPITALIZACIÓN DE TU PROPIO VALOR.

Si tú eres mejor, tienes derecho a estar mejor. Si eres mejor y no estás mejor, reclama el derecho a estar mejor.

La buena intención de tus empresas y la alta calidad de tu desempeño y lo que ofreces, merecen el reconocimiento de quienes benefician.

`Todo aquello que vale, cuesta´; de modo que en la medida que aumente la calidad de lo que haces, debes reclamar justo reconocimiento.

Tus recursos deben corresponder exactamente a la calidad de tu desempeño en la vida: reclámalos. `Alguien que hace y lo hace bien, no merece pasar apuros por falta de recursos, tiene derecho a recibir y compartir´.

Organízate: `Saber hacer algo bien hecho pero no ser capaz de administrar el propio rendimiento, es como no saber hacer absolutamente nada -ni bien ni mal-.´

Alguien ha dicho por ahí que `la perfección es la excelencia´. Yo no estoy totalmente de acuerdo. Si además de la excelencia no existe un afán de capitalizarla, no hay superación personal; y si no hay superación personal, no hay afán de perfeccionamiento.

Si aún no te has convertido en empresario, eres, como la mayoría de los seres humanos, un vendedor de ti mismo; por lo tanto, la verdadera excelencia para ti estará precisamente en saberte vender, y bien... Es decir, en la medida que vayas aprendiendo a hacer lo que haces cada vez mejor, deberás tener el empuje suficiente para capitalizar, cada vez mejor, tu mejor desempeño.

¿QUIÉN DEMUESTRA MAYOR CALIDAD IN-
TEGRAL: AQUEL QUE ES CAPAZ DE DESEMPE-
ÑARSE DE MANERA EXCELENTE PERO QUE NO
ES CAPAZ DE CAPITALIZAR SU PROPIO VALOR,
O AQUEL QUE HACE LO QUE HACE MEDIANA-
MENTE BIEN, PERO QUE ES CAPAZ DE CAPITALI-
ZARLO EN SU JUSTO VALOR? OBVIAMENTE ESTE
ÚLTIMO.

`Todo aquel que logra la excelencia en lo que hace
está obligado a capitalizarla de la mejor manera, so pena
de perder dicha excelencia por falta de recursos´. ¡Mucho
cuidado!

Ahora bien, ¿cómo lograr esa mejoría constante de
tu persona y de lo que haces? **Observándote, disci-
plinándote, preparándote cada vez mejor, analizando
tus propios errores y disponiéndote a corregirlos.** LA
HUMANIDAD ENTERA ESTÁ EN LA ERA DE LA
CORRECCIÓN.

Aquel que en esta época no esté dispuesto a corregir, está perdido. ¿Corregir qué? Intenciones, rutas, pro-
gramas, planes, errores... Quien cometa errores y siga
cometiéndolos sin la menor intención de corregirse y
corregirlos, no tiene derecho a reclamar mejores recursos para desenvolverse en la vida.

`Sólo Dios Nuestro Señor es perfecto, de ahí en
fuera nadie lo es, ni yo. . ¡totalmente cierto! Sin em-

SUEÑA, SUEÑA CONMIGO EN LAS ALTURAS,
JUNTOS IMAGINAREMOS COSAS APARENTE-
MENTE IRREALIZABLES, PERO QUE UNA VEZ
QUE SE HAYAN SOÑADO, PODRÁN CONVERTIR-
SE EN REALIDAD. `MUCHOS DE LOS ADELANTOS
DE LOS QUE AHORA DISFRUTA LA HUMANIDAD,
FUERON SUEÑOS DE AQUELLOS QUE, CONSER-
VANDO LA INOCENCIA DE CUANDO FUERON
NIÑOS, IMAGINARON QUE PODRÍAN HACERSE
REALIDAD, Y SE HICIERON´.

**`La fe mueve montañas´, ni lo dudes. Cree en la
fuerza de la fe. Piensa que creer en Dios, en ti y en tus
ideas es la energía máxima que puede fortalecerte.**

Entre los humanos prevalece la buena intención;
de no ser así, ya ustedes se habrían eliminado unos a
otros. Ten la prudencia necesaria para acercarte a la
gente buena -que es la más numerosa-, y actúa con ella
honesta y libremente.

Recuerda que la buena intención de tus acciones
resulta, finalmente, la clave del éxito, ya que todos y
cada uno de los seres humanos están condicionados,
tanto a lograr aciertos como a cometer errores.

A alguien que actúe de mala intención le está
permitido sólo actuar acertadamente; en cuanto cometa
el primer error -que habrá de cometerlo-, nadie se lo
perdonará, ni él mismo siquiera, y habrá de venirse
abajo.

Anteponiendo la buena intención, todo error humano será perdonado por Dios y por quienes rodeen a quien se haya equivocado: aun tratándose del más afectado o los más afectados.

El éxito verdaderamente en grande, es privativo de la gente buena, a quien estoy siempre dispuesto a apoyar y auxiliar.

Siénteme volando a tu alrededor cuando actúes de buena intención, y trata de hacerlo de la manera más inteligente posible; yo te ayudaré, sobre todo si me lo solicitas.

Siempre contigo, Alijael, Ángel del Perfeccionamiento".

✠   ✠   ✠   ✠   ✠   ✠   ✠

CAPÍTULO II

ANRISAEL

ÁNGEL DE LA TOLERANCIA

Yo te pido que intercedas ante Dios, a fin de que me permita reconocer la justa tolerancia crítica que debo asumir de quienes me rodean, así como la que debo conceder a los demás para que aquellos también, tal como lo vengo haciendo yo, se realicen como seres humanos.

Cúbreme con tu manto, Ángel Anrisael, para que siendo tolerado y tolerante vea realizados mis verdaderos afanes en esta vida y sea capaz, asimismo, de colaborar hasta donde más me sea posible para la felicidad de aquellos con quienes convivo.

INFLUYE EL ÁNIMO DE QUIENES, DE BUENA VOLUNTAD, PRETENDAN IMPARTIR JUSTICIA BASÁNDOSE EN EL RECONOCIMIENTO DE LOS DERECHOS HUMANOS DE CADA UNO DE LOS HABITANTES DE ESTE PLANETA TIERRA, PERO PERMITEN QUE DEN LA RAZÓN A QUIEN HAYA ACTUADO CON MAYOR VIRTUD.

Ni mayor ni menor tolerancia: simplemente la justa.

RESPUESTA DEL ÁNGEL ANRISAEL

"Mi nombre es Anrisael, y el don que Dios me permitió difundir por toda la Tierra es el de la tolerancia, que es el de la funcionalidad propia y la de los demás.

`Tolerancia es básicamente, en principio, separación´; esto es: constituye tu propia capacidad para permitir a los demás, y reclamar para ti mismo, la posibilidad de actuar individualmente con toda libertad.

Una persona intolerante se traba, se pega, se adhiere a la persona o personas que no tolera y no las deja funcionar ni funciona ella tampoco.

Entiéndase bien, la persona intolerante con los demás, es, al mismo tiempo, intolerante consigo misma: de alguna manera, está siendo arrastrada por las malas circunstancias que ella misma crea.

. Entre las diferentes piezas de cualquier mecanismo, así se trate del de una bicicleta, un automóvil, un avión o una nave espacial, existirá siempre una tolerancia crítica; es decir, una separación previamente determinada, a fin de permitir que dicho mecanismo FUNCIONE.

Si dicha tolerancia resulta menor o mayor de la debida, el mecanismo no funcionará.

Tal ejemplo, sumamente ilustrado de lo que es la tolerancia, te facilitará entender perfectamente que, igualmente, la separación entre seres humanos resulta, o debe resultar también crítica -con un mínimo y un máximo-.

¿POR QUÉ? PORQUE POR UN LADO LA AU-SENCIA TOTAL DE LA TOLERANCIA: ESTO ES, DE SEPARACIÓN DE UNA PERSONA Y OTRA, QUE IMPEDIRÁ QUE CADA UNA FUNCIONE PAR-TICULARMENTE; CIERTO. PERO TAMBIÉN, POR OTRO LADO, EL EXCESO DE LA TOLERANCIA COMO SUELE ENTENDERSE, ESTO ES, DE SE-PARACIÓN EXTREMA ENTRE SERES HUMANOS -INTOLERANCIA, DE ALGUNA MANERA-, CREA INDIFERENCIA Y FALTA DE INTERÉS TOTAL HACIA LOS DEMÁS, MOTIVANDO SU RESEN-TIMIENTO.

Además, dicho exceso de tolerancia puede, en un momento dado, resultar sumamente peligroso; recuerda aquella máxima de toda la vida: `La libertad de acción de los demás termina donde comienza la mía´, o bien, `Mi libertad de acción termina donde comienza la de los demás´.

Tal realidad ha llegado a construir, verdaderamente, un grave conflicto para aquellas instituciones encargadas ahora de vigilar por los Derechos Humanos en todo el mundo, en auxilio de impartición de justicia.

Es verdad, tú tienes el derecho a reclamar una to-lerancia crítica de los demás -separación y acerca-miento justos-, a fin de poderte realizar como ser humano; pero además, debes estar plenamente consciente de que el exceso de tolerancia en cuanto a tu libertad de acción, podría inducirte a agredirlos en un momento dado.

TÚ ERES EL INDICADO PARA MEDIR TU PROPIA TOLERANCIA; ¿HASTA DÓNDE DEBO RECLAMAR QUE LOS DEMÁS SEAN TOLE-RANTES CONMIGO? JUSTAMENTE HASTA EL LÍMITE EN QUE YO ESTÉ A PUNTO DE PERDER-LES EL RESPETO´.

Entre la tolerancia y la libertad de acción existe una enorme relación que debe quedar perfectamente clara entre tolerante y tolerado.

El tolerante debe permitir que la persona a quien tolera se realice totalmente como ser humano, en tanto dicha tolerancia no se convierta, para él, en agresión.

Si tú tienes dinero para satisfacer tus propias ne-cesidades y otra persona no lo tiene, no debes permitir a esta otra persona que te robe lo que con tu propio trabajo has logrado conseguir.

-La tolerancia exacta en un caso semejante, con-sistiría en reconocer a esta otra persona el derecho a tener lo propio; pero también en hacerle sentir la obligación de tener que ganárselo ella misma, ofreciéndole quizás los medios para que lo consiga.

Generalizando, tolerante y tolerado no deben exigir o demandar la mayor tolerancia justa, deben asumirla: `Yo sé hasta dónde debo tolerar o en cierta forma ignorar a los demás para que se realicen libremente como seres humanos; nadie puede obligarme a tolerar más´.

Por otro lado, `Yo sé hasta dónde debo asumir una máxima tolerancia justa, a fin de poderme realizar como ser humano; nadie puede obligarme a que se me tolere menos´.

Esto es, insisto, la persona tolerada no debe reclamar tolerancia; debe, simplemente, asumir la tolerancia que los demás le deben otorgar.

LA TOLERANCIA NO ES ALGO POR LO QUE EL TOLERADO DEBA LUCHAR; ÉSTE DEBE HACER SUYO EL DERECHO HUMANO A REALIZARSE, EN TANTO NO LESIONE EL MISMO DERECHO DE LOS DEMÁS.

Todo ser humano debe ser tolerante y tolerado al mismo tiempo.

TOLERANTE: hasta donde la libertad de acción para realizarse como seres humanos de aquellos con quienes se involucra, no lesione sus propios intereses, y TOLERADO: hasta donde la propia libertad de acción para su propia realización, no lesione los intereses de los demás.

LA TOLERANCIA DEBE SER CRÍTICA; esto es, debe tener un límite mínimo y un límite máximo: una tolerancia inmoderada en uno o en otro sentido, sólo conduciría al caos.

Una tolerancia menor que la mínima, paraliza a quienes la sufren pudiendo generar violencia; y una tolerancia mayor que la máxima, genera agresividad."

✝ ✝ ✝ ✝ ✝ ✝

CAPÍTULO III

ANSIEL

ÁNGEL DE LA SALUD

Yo te pido que intercedas ante Dios, a fin de que me prevenga de contraer enfermedades como consecuencia de mi falta de cordura para desenvolverme en esta vida.

Deseo, desde el fondo de mi alma ser una persona sana, o bien sanar de pequeños o grandes males, por lo que te solicito me ilumines para acudir a quien deba ayudarme.

Sobre todo, Ángel Ansiel, te pido que influyas en el ánimo de quienes de alguna manera deciden el destino del mundo actual, para que mantengan sus espíritus y cuerpos sanos a fin de lograr la felicidad de todos los seres humanos en cualquier parte del orbe.

Por mi propia salud y la de quienes me rodean.

RESPUESTA DEL ÁNGEL ANSIEL

"Mi nombre es Ansiel, y el don que Dios me permitió difundir por toda la Tierra es el de la salud, que es la clave de la acción.

'La indecisión es propia de la gente enferma de parálisis mental; es preciso que se cure'. Indecisión no es otra cosa que falta de acción. Para bien o para mal, pero hay que actuar. Aquel que nunca se equivoca es porque nunca hace nada. `La equivocación, junto con la enmienda, es la clave de la sabiduría´.

LA ENFERMEDAD NO ES OTRA COSA QUE EL RESULTADO DE FRUSTRACIONES PASADAS QUE POCO A POCO VAN LLENANDO A LOS SERES HUMANOS DE RESENTIMIENTOS, RECELOS Y MIEDO. ¿Y QUÉ COSA ES LA FRUSTRACIÓN? FALTA DE ACCIÓN.

Si en un momento dado, tú has sido capaz de actuar acertadamente, ¡qué bueno! Si por desgracia has actuado equivocadamente, también ¡qué bueno!, habrás tenido la oportunidad de experimentar el fracaso como prueba de una mala decisión por la que en el futuro no habrás de optar.

Si por el contrario, te has quedado paralizado ante una situación que requería la toma de una decisión -buena o mala-, esto sí que habrá de crearte una frustración, la cual habrá de acompañarte quizá toda la vida, dependiendo de su importancia.

LAS FRUSTRACIONES ENVENENAN EL ALMA, EL VENENO DEL ALMA CAUSA LAS PEORES ENFERMEDADES FÍSICAS. UNA GRIPE SE CURA EN DOS SEMANAS, UNA CORTADA DE UN DEDO, QUIZÁS EN UN PAR DE DÍAS Y UN DOLOR DE ESTÓMAGO, DEJANDO DE COMER MEDIA MAÑANA; SIN EMBARGO, LA HIPER-

TENSIÓN, LOS MALES HEPÁTICOS, Y EL TER-
RIBLE ESTRÉS RECONOCIDO ACTUALMENTE
COMO UNA TERRIBLE ENFERMEDAD, SÓLO
PUEDEN EVITARSE IMPIDIENDO QUE EL ALMA
SE ENVENENE.

Al final de cuentas, las enfermedades constituyen
una auténtica rebeldía espiritual: 'Estoy enfermo porque
así quiero estar, porque así lo merezco'.

En la medida que tú seas capaz de reconocer tus
propios errores como parte de tu auténtica formación
integral, entenderás el fracaso como parte del proceso de
tu realización como ser humano.

**Las enfermedades imaginarias que sufren los
humanos -muchas de las enfermedades reales que
padecen comienzan por ser imaginarias-, son inven-
tadas con la idea preconcebida de llamar la atención
de quienes, igualmente imaginan, deben preocuparse
por ellos.**

¡Qué tonta pretensión! En la vorágine de la vida,
los seres humanos rara vez se preocupan por ellos mismos; por lo tanto, poco o nada suelen preocuparse por
los demás.

*De la mejor manera que ustedes pueden llamar
la atención es siendo sanos, felices y triunfadores; de
otra manera, podrán quizás despertar lástima de los
demás, pero jamás verdadera admiración, pasando
finalmente desapercibidos.*

Lo que hace al hombre verdaderamente saludable es el éxito.

¿Es acaso que los triunfadores jamás se enferman? me preguntarás. Sí, sí se enferman, debo contestarte, pero se curan.

SÓLO LOS FRUSTRADOS PADECEN ENFERMEDADES CRÓNICAS O QUIZÁS INCURABLES. EL ALMA LIBRE Y TRIUNFADORA SIEMPRE SALE ADELANTE DE CUALQUIER IMPEDIMENTO FÍSICO.

A raíz del descubrimiento de los antibióticos, no hay infección común sobre toda la Tierra que no ceda su carrera ante su correcta aplicación; sin embargo, los antibióticos no curan las infecciones del espíritu, producto de las frustraciones.

Uno de los peores, o quizás el peor de los virus conocidos por el hombre desde su aparición en este planeta: `Pensar que pude...´

LA MEJOR MEDICINA: `HICE TODO LO HUMANAMENTE POSIBLE PARA LOGRAR LO QUE PRETENDÍA. SI LO CONSEGUÍ, ¡QUÉ BUENO! SI NO LO CONSEGUÍ, ME QUEDA LA SATISFACCIÓN DE SABER QUE ME ESFORCÉ HASTA DONDE MÁS PUDE POR LOGRARLO. EN OTRA OTRA OCASIÓN SERÁ. NO ME FRUSTRO... MI MENTALIDAD SIGUE SIENDO LA DE UN TRIUNFADOR, NO LA DE UN AMARGADO´.

En ti está inmunizarte contra los peores males habidos y por haber; ¿cómo? Estando siempre dispuesto a abordar la vida tal como se te presenta, sin pretender que se te presente como tú deseas; esto es, adaptándote cada momento para sacar el máximo provecho, lícitamente, de cada una de las oportunidades que el hecho de vivir te ofrece.

`Cuerpo sano en mente sana´".

✢   ✢   ✢   ✢   ✢   ✢   ✢

CAPÍTULO IV

ARISAEL

ÁNGEL DEL PERDÓN

Yo te pido que intercedas ante Dios, permitiéndome tu ayuda y protección.

En este momento en el que me siento presa de un complejo de culpa, debo reconocer a mi alrededor las causas que han motivado que las cosas no me resulten como yo quisiera.

Ahí, justamente ahí, es donde debo encontrar la razón de mis congojas, y no en mi corazón. Este te-lo entrego a ti, Ángel Arisael, para que lo llenes de buenas intenciones para conmigo y para con los demás.

RESPUESTA DEL ÁNGEL ARISAEL

"Mi nombre es Arisael, y el don que Dios me permitió difundir por toda la Tierra es el del perdón, llave de la humildad.

`Humildad es reconocer que no se es perfecto y que, por lo tanto, siempre existirá la posibilidad de ser mejor´. ¿Cómo te es posible ser mejor? Siguiendo por donde vas cuando las cosas te han salido bien, pero también **no buscando culpables cuando las cosas te han salido mal.**

Todas y cada una de las acciones de los humanos -buenas o malas- son sólo efectos de causas que de una u otra manera los han inducido a llevarlas a cabo; esto es, aquel que comete una falta, por grave que ésta sea, queda, a juicio divino, automáticamente perdonado. Las causas que habrán originado dicha falta, esas sí que deberán ser objeto de análisis y eliminación o modificación.

Un verdadero círculo vicioso, es aquel en el que cae quien piensa que después de haber cometido un grave pecado, haberlo confesado y haber cumplido con la penitencia impuesta, ha blanqueado su alma. No, no es así de fácil, si las causas que lo orillaron a pecar continúan siendo las mismas, continuará pecando irremisiblemente, confesándose y cumpliendo penitencias sin mejorar su condición humana.

LA VERDADERA ABSOLUCIÓN DEL PECADO HUMANO REQUIERE DE ALGO MÁS QUE DE SU SIMPLE CONFESIÓN; ESTO ES, DE UN VERDADERO ARREPENTIMIENTO DE QUIEN LO HA COMETIDO, EN PRINCIPIO, PERO TAMBIÉN DE LA ELIMINACIÓN TOTAL O CAMBIO DETERMINANTE DE LAS CAUSAS QUE LO INDUJERON A PECAR.

Sentirte culpable cuando has realizado algo indebido, no resuelve absolutamente nada ni te hace mejor; seguramente más desgraciado, eso sí, pero nada más.

Deberás comenzar a aprender a perdonarte a ti mismo de tus propios errores cometidos, como efectos y no como causas; sin embargo, mucho cuidado con pretender justificarlos como algo que tenía que suceder y seguirá sucediendo, ya que es tu obligación ir a la raíz del problema y ponerle remedio.

`Yo robo porque no tengo trabajo´, podría decir un desempleado. No, de ninguna manera, el hecho de que se encuentre desempleado no debe motivarle a robar, sino a buscar y encontrar algún empleo que medianamente le sirva para salir adelante. Robando, no va a encontrar empleo; es decir, no es ésta la verdadera solución a su problema. Después de robar, seguirá desempleado: no habrá resuelto su verdadero problema. Su verdadero reto no está en tener que robar, sino en tener que encontrar trabajo.

Una persona que no encuentra empleo después de buscarlo afanosamente, es por algo; y ese algo habrá que descubrirlo; por ejemplo: falta de preparación, mala presentación, muy elevadas pretensiones, malos antecedentes en trabajos anteriores, etcétera.

Pretender hacerse rico o potentado de la noche a la mañana infiere, obviamente, una mala conducta de la que tarde o temprano alguien habrá de arrepentirse, obligadamente, tras las rejas de una prisión.

¿Sacarse la lotería? Bueno, eso ya es harina de otro costal. Esto implicaría poner en juego una serie interminable de fuerzas ajenas a quien decide comprar su boleto. Como quiera, ésta sería una decisión lícita de quien optara por ella.

Jamás las circunstancias deberán inducirte a cometer delitos leves o graves, siempre habrá una alternativa aceptable a los ojos de Dios para salir adelante. `Cuando una puerta se cierra, otra u otras se abren´. No lo olvides.

Y así, en la medida que seas capaz de analizar tus propias fallas, remitiéndote a causas y no a efectos, serás capaz de entender -y no justificar, igualmente- las fallas de los demás que de una u otra manera te afectan negativamente.

Culpar a los demás de nuestras propias vicisitudes, resulta una reacción demasiado infantil: `¿Quién rompió el cristal de la ventana con la pelota? No, yo no fui, yo estaba jugando, pero el pelotazo lo mandó Pablito; a lo que Pablito contesta: Yo lo único que hice fue rematar el pase con una cabecita que fue a dar a la ventana, pero la pelota ya venía en el aire´.

Así reaccionan los niños, y así reaccionan los adultos muy a menudo; esto es, pasándose la pelotita.

Si en un trato entre A y B, A resulta perjudicado, fueron ambos, A y B quienes, ante un torpe manejo de las circunstancias, hicieron que la empresa en que ambos participaron, fracasara.

Nunca hay un solo implicado en una falla tratándose de un asunto en el que intervinieron dos o más. Tampoco serán las causas las culpables; por lo general, es su mal manejo lo que reporta fracasos. Una persona verdaderamente hábil, es capaz de salir airosa ante las circunstancias más adversas.

NO BUSQUES CULPABLES Y NO TENDRÁS QUE PERDONAR; ADEMÁS, TÚ LO SABES, EL ÚNICO QUE PUEDE PERDONAR ES DIOS, Y ÉL YA HA PERDONADO A TODOS LOS HUMANOS HACE SIGLOS.

✝ ✝ ✝ ✝ ✝ ✝ ✝

CAPÍTULO V

AZRAEL

ÁNGEL DE LA PAZ

Yo te pido que intercedas ante Dios, para que me concedas tu ayuda y protección.

En este mundo terrenal en el que muchos imaginan que la agresión a sí mismos y a los demás, es el único medio para lograr lo que cada quien se propone, será necesario entender que la paz entre los seres humanos sólo puede conseguirse siendo cada uno felices, no con lo que tiene, sino con lo que realmente necesita.

RESPUESTA DEL ÁNGEL AZRAEL

"Mi nombre es Azrael, y el don que Dios me permitió difundir por toda la Tierra es el de la paz, basado, indiscutiblemente en el respeto mutuo.

Qué razón tenía el mexicano ilustre Don Benito Juárez al proclamar universalmente que `Tanto entre los hombres como entre las naciones, el respeto al derecho ajeno es la paz´. ¿Hasta dónde son capaces de entender los cuidadanos del mundo tal verdad en toda su extensión? Ojalá lo sean hasta un grado tal que puedan, algún día, disfrutar de una paz que merecen y que desafortunadamente, hasta ahora sólo conciben en teoría.

LA COOPERACIÓN ES LA PAZ; QUE TODOS GANEN ES LA PAZ; QUE NO HAY A PÉRDEDORES, QUE SE ENTIENDA QUE PARA QUE UNO GANE REALMENTE, DEBE GANAR TAMBIÉN EL OTRO, AL QUE ÉSTE DEBE LLAMAR MI SOCIO Y NUNCA MI CONTRINCANTE O MI COMPETIDOR Y MUCHO MENOS MI ENEMIGO.

¿Que no es posible que todos ganen? ¿Que debe haber siempre un ganador y un perdedor? Mentira, obsérvense las economías de las grandes potencias mundiales, cómo entre ellas se apoyan para ser cada día más poderosas. Pareciera como si el secreto de la cooperación les hubiera sido dado a los poderosos y negado a los débiles.

Pero no, no hay tal, todo es cuestión de organización. Los poderosos son maestros en la organización, en tanto que los débiles, por su misma debilidad, temen organizarse.

Es típico ver cómo el vencedor malintencionado crea divisiones entre el enemigo, imposibilitándolo de esta manera para que pueda luchar contra él.

`La unión es la fuerza´, y la unión requiere de la organización: una organización que garantice que los beneficios de la empresa en la que los socios se involucran, sean debidamente compartidos.

Cualquier tipo de competencia resulta desleal, siempre y cuando no se trate de la competencia contigo mismo; es decir, el reto.

Tú te puedes poner como meta superarte a ti mismo en infinidad de áreas, lo cual no implicará de manera alguna el que tengas que superar a otro.

QUEDARTE TRANQUILAMENTE COMO ES- TÁS, SIGNIFICARÍA INDISCUTIBLEMENTE UN ESTADO DE INFINITA PAZ; SÍ, LA PAZ DEL SE- PULCRO. Y NO, NO ES LA PAZ DEL SEPULCRO A LA QUE LOS SERES HUMANOS DEBEN ASPIRAR, SINO A LA PAZ CONSIGO MISMOS.

¿Cómo te es posible lograr ese estado de paz contigo mismo? Siendo saludable, feliz y próspero, un individuo satisfecho porque puede darse todo aquello que le hace bien porque le es realmente necesario, y que lo que hace lo hace mejor cada día.

Quien sufre de carencias, vive en constante con- flicto consigo mismo; por lo tanto, tú debes, ante to- do, ser un buen administrador de ti mismo.

Imagínate director general de una gran empresa, cuya responsabilidad es sacarla adelante. Desde luego, de esa gran empresa van a depender un gran número de personas y sus correspondientes familias. ¿Puedes?

Pues bien, esa gran empresa eres tú, hombre o mu- jer, si ya eres casado o casada podrás entenderme aún mejor; y si eres soltero o soltera, piensa que al contraer matrimonio tu empresa personal habrá de crecer a la llegada de los hijos.

No, tú no puedes quedarte en ese puesto de pepitas en medio de la calle, debes emprenderla en una empresa o empresas más importantes que poco a poco te vayan redituando más y más.

Esto es, la paz contigo mismo debe basarse en tu propia autosuficiencia; y de esta manera, el respeto al derecho ajeno resultará, para ti, espontáneo, no como una premisa con la que tengas que cumplir obligadamente, aun careciendo de lo más indispensable.

Mientras carezcas de lo estrictamente necesario, jamás podrás estar en paz contigo mismo, y es solamente la paz contigo mismo lo que puede inspirarte a estar en paz con los demás.

SÓLO AQUEL QUE ESTÁ EN PAZ CONSIGO MISMO ES CAPAZ DE ESTAR EN PAZ CON LOS DEMÁS, MAS ESTO NO GARANTIZA TOTALMEN-TE QUE LOS DEMÁS ESTÉN EN PAZ CON ÉL. ¿POR QUÉ? PORQUE NO A TODO AQUEL QUE ESTÁ EN PAZ CONSIGO MISMO LE PREOCUPA QUE LOS DEMÁS. ESTÉN EN PAZ CONSIGO MISMOS, Y ESTO CREA UNA GRAN DESIGUALDAD DE CLASES ECONÓMICAS Y SOCIALES.

En principio, cada ser humano debe luchar por su propia tranquilidad; como quiera, aquellos que la hayan logrado deben mostrarse siempre dispuestos a colaborar para la paz interior de los demás, sobre todo cuando se les solicite.

Desde luego, es importante que estés en paz contigo mismo; sin embargo, para lograr la paz universal propuesta por Benito Juárez, será necesario crear la necesidad imperiosa de que cada uno de los seres humanos también lo esté.

Entre gentes en paz consigo mismas, no debe existir la guerra."

✞ ✞ ✞ ✞ ✞ ✞ ✞

CAPÍTULO VI

ELDRIEL

ÁNGEL DE LOS MILAGROS

Yo te pido que intercedas ante Dios, para que me permita solicitar tu protección y compañía.

Ahora que sólo un milagro puede hacer que las circunstacias obren a mi favor, mueve corazones junto con el mío para poder llevar a cabo felizmente lo que hoy me propongo.

Ángel Eldriel, tú que indiscutiblemente te encuentras mucho más cerca de quien todo lo puede, dame tu mano e infúndeme fuerza y valor para mantenerme firme en mis sanos propósitos.

Gloria a Dios Nuestro Señor.

RESPUESTA DEL ÁNGEL ELDRIEL

"Mi nombre es Eldriel, y el don que Dios me permitió difundir por toda la Tierra es el de los milagros, que es el reconocimiento de la fuerza de la fe.

`La fe mueve montañas´. Totalmente cierto. Físicamente puede llegar a generar una energía comparable a la que se requiere para hacer funcionar a una planta nuclear y más, y espiritualmente es capaz de originar cambios favorables insospechados en quien la profesa.

`Creer para ver´. He ahí la clave: sólo quien cree es capaz de ver.

¿Crees tú en milagros? ¿No? Pues ya es tiempo de que vayas creyendo; de otra manera, jamás te será posible aprovechar este recurso divino que Dios pone a tu disposición para que te sea posible lograr lo insospechado.

En ocasiones, Dios realiza milagros sin que nadie se los pida -al menos directamente-, y los pone frente a los ojos de los humanos para que éstos reconozcan su poder infinito; por lo general, con muy malos resultados, ya que son observados, si no con indiferencia, con escepticismo.

Desde el punto de vista material, el milagro consiste en la alteración de las leyes de la naturaleza impuestas por Dios mismo, quien en ocasiones así lo dispone atendiendo a las súplicas de quien se lo pide, o bien porque así es su deseo simplemente.

Espiritualmente, Dios puede conceder a los humanos el cambio favorable de su conducta, cuando ésta viene resultando perniciosa para su propio desarrollo.

Sin el milagro divino tales cambios jamás se llevarían a cabo, sobre todo cuando la manera de conducirse de aquellas personas que han dado en autoagredirse resulta demasiado arraigada.

Este es el caso de los adictos, por ejemplo a las drogas, quienes, cuando dejan de consumirlas para siempre, ellos mismos no dan crédito al milagro que Dios ha realizado en ellos.

Los milagros ocurren a las personas que creen y no creen; pero más a las que creen, a las que están conscientes del infinito amor de Dios Todopoderoso.

DIOS TE AMA Y ESTÁ DISPUESTO A CONCEDERTE LO QUE LE PIDAS, SIEMPRE Y CUANDO SEA PARA TU BIEN Y DE QUIENES TE RODEAN.

DIOS ES AMOR Y JUSTICIA DIVINOS, Y A ÉL DEBES RECURRIR CUANDO EL AMOR Y LA JUSTICIA HUMANAS TE FALLEN. PARA ÉL PONER LAS COSAS EN ORDEN ES COSA FÁCIL. SIN EMBARGO, POR LO GENERAL ESPERA QUE SEAS TÚ QUIEN TOME LA INICIATIVA.

MÁS ADELANTE, CUANDO HUMANAMENTE YA NO TE SEA POSIBLE LLEGAR A LA CONSUMACIÓN DE TUS EMPEÑOS, AHÍ ESTARÁ ÉL, CON SU SABIDURÍA Y PODER INCONMESURABLES PARA AYUDARTE A DAR EL ÚLTIMO JALÓN.

Àyudate que yo te ayudaré´. Eso dice el Señor; por lo tanto, no se lo dejes todo a Él. El milagro llegará, pero a su tiempo; esto es, cuando Dios haya comprobado tu sana intención y tu gran interés por lograr lo que te propones.

Dios está al pendiente de todas y cada una de sus criaturas, y tú no eres la excepción.

POR OTRO LADO, MUCHO CUIDADO CON CREER EN COSAS NEGATIVAS: EL QUE CREE EN EL MAL, ATRAE AL MAL, Y EL QUE CREE EN DESGRCIAS, LAS ATRAE IGUALMENTE.

Borra de tu mente todo tipo de ideas adversas al feliz desarrollo y término de tus empresas, así sean estas amorosas, de negocios o de superación personal en general.

No atraigas el infortunio pensando en él constantemente, piensa siempre de manera positiva. Curiosamente, muchos mortales profesan una fe negativa; esto es, creen firmemente en lo malo que les puede llegar a suceder, pero dudan de la fuerza de la fe positiva.

Recuerda que tú eres un espíritu encarnado; esto es, tu vida espiritual habrá de ejercer una muy superior influencia sobre tu vida material.

De tal manera que si tú llenas tu espíritu de malas ideas y presentimientos, estos podrían hacerse realidad.

Del mismo modo, cuando tu respuesta ante la vida es positiva, tu mente crea ese círculo armónico a tu alrededor que te facilita las cosas y lleva a feliz término todo aquello que emprendes.

En cierta forma, el milagro está ya, de hecho, en ti mismo, todo es cuestión de que lo concientices.

El poder de tu espíritu en armonía con Dios Nuestro Señor, colmará tu vida de milagros y bienaventuranzas."

✢   ✢   ✢   ✢   ✢   ✢   ✢

CAPÍTULO VII

ENUIEL

ÁNGEL DE LA VERDAD

Yo te pido que intercedas ante Dios para que me permita recibir tu auxilio y apoyo.

Ángel Enuiel, ayúdame a conocerme cada vez más y a saber reconocer todo aquello que me resulta indispensable para ser feliz.

Como todos los sere humanos, tengo derecho a darme todo lo que necesito para ser auténtico, sano y funcional.

RESPUESTA DEL ÁNGEL DE LA

"MI NOMBRE ES ENUIEL, Y EL DON QUE DIOS ME PERMITIÓ DIFUNDIR POR TODA LA TIERRA ES EL DE LA VERDAD, QUE ES EL DE LA VIVENCIA, PROYECCIÓN Y EXPRESIÓN DE LA REALIDAD.

¿QUÉ ES LO QUE PARA TI RESULTA VERDADERO? SIMPLEMENTE AQUELLO QUE MÁS SE AJUSTA A LA IDEA QUE TÚ, PERSONALMENTE, TIENES DE LA REALIDAD; DE DONDE SE PUEDE DEDUCIR QUE LA REALIDAD, A FINAL DE CUENTAS, NO RESULTA UN CONCEPTO UNIVERSAL SINO PRIVATIVO

DE PERSONAS O POR LO MENOS GRUPOS DE PERSONAS.

Si la realidad fuera un concepto universal; es decir, que a los seres humanos les fuera fácil coincidir en una sola realidad para todos, no habría desde luego, más que una sola profesión que profesar, un solo sistema político que implantar y, en general, una sola meta que perseguir.

Infortunadamente no es así, `cada cabeza es un mundo´, y por lo tanto, cada uno de los seres humanos defiende a capa y espada su propia e individual realidad, dando pie a cualquier cantidad de discusiones, enemistades, rencillas, etcétera, a menor escala, y finalmente, en gran escala a guerras entre países.

En la política, por ejemplo, existen en el mundo, en cada país, un par de partidos políticos como mínimo, cuyo concepto de la realidad del país en que viven es, por lo general, totalmente diferente. Esto, definitivamente, no debería resultar lógico.

Aunada a la indiscutible lucha por el poder, existe, sin lugar a dudas, una evidente divergencia de opiniones en cuanto a la realidad prevaleciente en cada uno de los países del mundo.

HABLAR DE LA VERDAD IMPLICA HABLAR DE HONESTIDAD; ESTO ES, DE LA LUCHA POR LOS PROPIOS IDEALES DE ACUERDO A LA PROPIA REALIDAD DE LAS CIRCUNSTANCIAS; Y TAMBIÉN DE DESHONESTIDAD; ES DECIR, DE

LA LUCHA POR LOS PROPIOS INTERESES AUN A COSTA DE HACER A UN LADO IDEALES QUE DEBIERAN PREVALECER DE ACUERDO A LA PROPIA REALIDAD DE LAS CIRCUNSTANCIAS.

La propia realidad de las circunstancias de ti mismo, de una persona en particular o de un grupo de personas, no forzosamente debe coincidir con la realidad.

La realidad universal existe, y ahí está; sin embargo, los seres humanos, cada uno de ellos, puede imaginarla de diferente manera. ¿Por qué? Porque lo único que hace es recopilar información y formarse un criterio personal de las cosas, que difícilmente habrá de coincidir aun con su semejante más cercano.

El ser humano aprende, y en la medida que aprende, su concepto de la realidad va sufriendo cambios, en ocasiones radicales, que le permiten -piensa él-, acercarse, cada vez más, a la realidad universal.

`Piensa él´, cierto, porque finalmente, cuando ya `sabe mucho´ suele remitirse -cuando es totalmente honesto,- a la filosofía socratiana, reconociendo que `Sólo sabe que no sabe nada´.

¿Qué recurso les queda al final de cuentas a los humanos para aproximarse a la realidad? Solamente el método del sistema del ensayo y el error; es decir, actuar, y si se ha equivocado, corregir.

Teóricamente, el conocimiento acerca a la realidad. `Yo se que esto es así´; sólo teóricamente, ya que en ocasiones `el conocimiento´ aleja de la realidad; esto es, hace pensar o creer que la realidad es diferente a como realmente es.

TRATÁNDOSE DE ACERCARSE VERDADE-RAMENTE A LA REALIDAD, LA EXPERIENCIA NO TIENE RIVAL. LA REALIDAD ES ALGO QUE SE SIENTE, QUE SE VIVE: EL NIÑO QUE PONE LA MANO SOBRE LA SUPERFICIE PLANA DE UNA PLANCHA CALIENTE, SIENTE, POR DESGRACIA, EL FUERTE CALOR QUE LE QUEMA LA MANO. Y DIFÍCILMENTE O QUIZÁS NUNCA VUELVA A RE-PETIR TAN FUNESTA EXPERIENCIA.

`Nadie experimenta en cabeza ajena, o casi nadie´. Aquel que es capaz de experimentar en cabeza ajena, sí que habrá de lograr un mayor acercamiento con la realidad, puesto que no estará aprovechando sólo sus propias experiencias sino las de aquellos que experimentan en su entorno.

Como quiera, tú debes ser honesto: ser lo que sientes que eres y como eres; de esta manera, tu trato con tus semejantes será verdaderamente sano, agradable y saludable.

Hay algo que verdaderamente causa rechazo en el trato cotidiano entre personas: la falsedad.

Mucho cuidado con formarte una idea de `cómo me gustaría ser´, y actuar de acuerdo a un cliché preconcebido.

Tu verdadera personalidad habrá de salir a flote y entonces, quedarás en rídiculo.

No pierdas el tiempo imaginando cómo te gustaría ser. Invierte tiempo sí, pero en conocerte verdaderamente, en aproximarte hasta donde más te sea posible a tu propia realidad, y trata de vivirla plenamente. Esto te hará aceptarte, quererte, y ser aceptado por aquellos con quienes convives. Te hará inmensamente feliz.

✠   ✠   ✠   ✠   ✠   ✠   ✠

CAPÍTULO VIII

ESULAEL

ÁNGEL DE LA ALEGRÍA

YO TE PIDO QUE INTERCEDAS ANTE DIOS, A FIN DE QUE ME PERMITAS MANTENER FIRME EL DESEO DE VIVIR, DE SENTIRME FELIZ POR HABER NACIDO, Y DE ESTAR RODEADO DE OTRAS PERSONAS QUE, AL IGUAL QUE YO, DESEAN SER FELICES.

En el fondo de cada uno de los seres humanos, hay sólo buenos deseos e intenciones. No permitas, Ángel Esulael, que nadie les impida llevarlos a cabo, pues esto ocasionaría que tanto sus buenos deseos como intenciones, se tornaran aberrantes.

Mantén en mí, firme, el optimismo.

RESPUESTA DEL ÁNGEL ESULAEL

"Mi nombre es Esulael, y el don que Dios me permitió difundir por toda la Tierra es el de la alegría, que es la llave de la felicidad.

Mucho se recomienda entre los humanos, utilizar la sonrisa como carta de presentación; sin embargo, cuando la risa o la sonrisa no se encuentra respaldada por la verdadera felicidad interior de quien la proyecta, resulta una carta de presentación, sí, pero funesta.

Antes de utilizar la sonrisa de presentación, quien utiliza o pretende utilizar el lenguaje corporal para hacer acto de presencia, debe primero armonizarse interiormente de manera que sea la felicidad lo que le embargue, y entonces sí, sonreír.

No hay peor tarjeta de presentación que una falsa sonrisa.

Ser feliz no es, de ninguna manera, ser conformista: `Estoy feliz como estoy y con lo que tengo, no necesito más`; para nada, la vida debe constituir en todo momento una experiencia dinámica que nos motive a mejorar constantemente y a marcarnos metas de superación en todos sentidos.

Como quiera, la felicidad no es en sí una meta, es un medio de superación personal. Quien piensa: `Ya logré lo que quería, estoy donde deseaba estar`, está perdido, la felicidad fincada sobre la paz del sepulcro sólo conduce al estancamiento, y éste a la frustración.

Entre los artistas populares, tú escucharás frecuentemente lo siguiente: `Ya hice todo lo que querían mis productores que hiciera, de ahora en adelante, grabaré sólo los discos que yo quiera grabar, haré las películas que yo quiera filmar y sólo las telenovelas que realmente me convenzan.

MAL TINO DE LOS PRODUCTORES DE DISCOS, PELÍCULAS Y TELENOVELAS: EL PÚBLICO REALMENTE ACEPTA COMPLACIDO AQUELLAS MANIFESTACIONES ARTÍSTICAS DE QUIENES SE

PROYECTAN DE MANERA AUTÉNTICA, Y HACIENDO LO QUE REALMENTE DESEAN.

Si desde un principio los hubieran dejado que hicieran lo que realmente deseaban hacer, los entretenedores habrían redituado, desde entonces, lo que ahora habrán de capitalizar.

Tratándose de creatividad, no hay como dejar a las personas con talento que hagan lo que realmente quieren hacer; esto es lo que en verdad los hace felices, y la proyección de sus dotes resulta ilimitada.

· *Y en general, dejar a todo mundo que haga lo que realmente quiere hacer, resulta sumamente saludable y positivo.*

Lo que cada uno de los seres humanos realmente quiere hacer, comúnmente resulta aceptable desde cualquier punto de vista que se le observe; la conducta inconveniente de los demás, surge, precisamente, de no permitirles que hagan lo que realmente quieren hacer.

Refiriéndome más concretamente a la alegría, éste es el mensaje corporal a través del cual se proyecta la felicidad. Una persona que sonríe de verdad, es una persona de fiar; ella es, y deja ser; esto es, no te va a impedir proyectarte como realmente eres, y esto te va a hacer sentir enormemente bien.

UNA CARA HOSCA, YA SEA PROYECTANDO UN AUTÉNTICO ENFADO O BIEN UNA CONTRARIEDAD FINGIDA, RESULTAN, EN AMBOS CASOS,

FATALES PARA LAS BUENAS RELACIONES HU-
MANAS.

Los mensajes a través del lenguaje corporal, resultan
mucho más evidentes que los que se vierten a través de
la palabra.

Una respuesta positiva como respuesta a una
solicitud cualquiera, vertida a través de un rostro con-
trariado, resulta un mensaje verdaderamente indefinido
y confuso, que quizás ni un verdadero experto en relaciones humanas sería capaz de interpretar debidamente.

**Cuando respondas afirmativamente a una so-
licitud o quizás a una orden cualquiera, deberás decir
que sí con todo tu ser, no sólo con la voz.**

Las auténticas afirmaciones resultan o deben resultar viscerales, no mentales. Sólo de esta manera,
quien te solicita que hagas algo o bien te lo ordena, se
sentirá verdaderamente satisfecho de tu espontánea
colaboración o anuencia.

LA RESPUESTA ANTE LA VIDA DEBE SER
SIEMPRE DE ÁNIMO, DE ENTUSIASMO Y DE
ALIENTO. AÚN ES POSIBLE DECIR QUE NO HA-
CIENDO GALA DE ESTO ÚLTIMO, SIN PERDER
DE ESTA MANERA LAS BUENAS RELACIONES
HUMANAS CONSEGUIDAS.

La alegría de vivir ante todo."

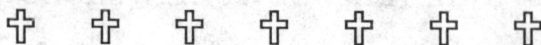

✢   ✢   ✢   ✢   ✢   ✢   ✢

CAPÍTULO IX

HALIEL

ÁNGEL DE LA BONDAD

Yo te pido que intercedas ante Dios, para que me permita invocar sabiduría y amparo.

LA RIQUEZA ESPIRITUAL ES ALGO EN LO QUE POSIBLEMENTE NO HABÍA REFLEXIONADO HASTA AHORA. EN LO FUTURO, ANALIZARÉ LAS CIRCUNSTANCIAS QUE LA VIDA ME PRESENTE, Y TRATARÉ DE ATESORAR, HASTA DONDE MÁS SEA POSIBLE, BIENES ESPIRITUALES.

Ahora entiendo que ser bueno no quiere decir que no defienda mis propios derechos como ser humano, sino que mediante la espontaneidad, y en ocasiones el sacrificio y la abnegación, puedo ser mucho más feliz de lo que ahora he sido.

Gloria al Ángel Haliel.

RESPUESTA DEL ÁNGEL HALIEL

"Mi nombre es Haliel, y el don que Dios me permitió difundir por toda la Tierra es el de la bondad, virtud basada indiscutiblemente en la buena intención, pero con una serie interminable de matices: el amor, la compasión, la humildad, el silencio, etcétera, pero sobre todo, la abnegación.

Una persona buena no sólo antepone la buena intención en sus acciones, sino que es capaz, en un momento dado, de anteponer a su propio bienestar, incluso, el bienestar de alguien más o de los demás en general.

Sin embargo, que quede claro: ser bueno no implica permitir INCONSCIENTEMENTE que todos pasen por encima de ti en la persecución de sus propios intereses; esto reduciría tu autoestima a su mínima expresión, y te llenaría de callados resentimientos.

No, ser bueno significa plantearse ante la alternativa: `o tu bienestar o el mío´, y decidirse, CONSCIENTEMENTE, por el bienestar ajeno en vez del propio, en un acto de auténtica y verdadera abnegación.

`Quien no es capaz de sacrificarse espontáneamente por alguien más en la vida bajo determinadas circunstancias, carece de posibilidades de realizarse íntegramente como ser humano´. ¿Por qué? Porque la abnegación es el único medio de enriquecimiento espiritual.

EL SER HUMANO ES MATERIA Y ESPÍRITU; POR LO TANTO, ASÍ COMO LE ES LÍCITO ENRIQUECERSE HONESTAMENTE EN LO ECONÓMICO, TAMBIÉN LE RESULTA COMPLETAMENTE INDISPENSABLE ENRIQUECERSE ESPIRITUALMENTE. ¿CÓMO? MEDIANTE ACCIONES QUE LE PERMITAN HACER FELICES A LOS DEMÁS DE ALGUNA MANERA, AUN A COSTA DE SU PROPIO BIENESTAR.

A propósito de riqueza económica, recuerda que `más rico no es precisamente el que más tiene, sino el que más da´, lo cual equilibra automáticamente, en aquellos que así lo entienden y practican, ambas riquezas: la económica y la espiritual.

Habrá desde luego quien ni intente siquiera enriquecerse económicamente: existen niveles insospechados de conformismo; sin embargo, por lo general, todos los humanos saben, entienden, lo que significa enriquecerse económicamente, ¿cómo? Eso ya es harina de otro costal, pero por lo pronto valdría analizar cómo le han hecho otros para conseguirlo, e intentar lo propio.

Mas tratándose de enriquecimiento espiritual, clave o llave del verdadero bienestar humano, nadie o casi nadie sabe cómo conseguirlo.

`La cajera del súper se descuida, y en vez de regresar el cambio de cien pesos, devuelve el cambio de quinientos. Obviamente, al realizar su cierre del día, a la cajera distraída le resultará un faltante de cuatrocientos pesos; no obstante, el vivales que recibió el exceso de cambio, para ese entonces, quizás ya se habrá gastado los cuatrocientos pesos que la cajera del súper le dio de más´.

¿Resultará ésta una manera de enriquecerse espiritualmente? Desde luego que no. Esta es una manera de enriquecerse económicamente, pero deshonesta, que infortunadamente es la que predomina en este planeta Tierra.

Dicha conducta del comprador del súper, desde luego que resulta indecente; sin embargo, ¿podría realmente culpársele de haberle causado a la cajera semejante problema? Sólo en parte. ¿Por qué? Simplemente porque el comprador desconoce la posibilidad de enriquecerse espiritualmente devolviendo el cambio que no le pertenece.

Los cuatrocientos pesos que no le pertenecen van a servirle para algo; ciertamente; como quiera, si se los hubiera devuelto a la cajera, ÉL SE HABRÍA ENRIQUECIDO ESPIRITUALMENTE CON LA REALIZACIÓN DE UN ACTO DE ABNEGACIÓN QUE LE REDITUARÍA QUIZÁS PARA TODA LA VIDA; PERO ESTO ÉL NO LO SABE, Y POR LO TANTO NO PUEDE CULPÁRSELE DEL TODO.

Si por el contrario, ante la alternativa de devolver el cambio excesivo o quedarse con él, el comprador hubiera decidido regresarlo, él se habría enriquecido espiritualmente para siempre y habría aplicado una verdadera inyección de fe en sus semejantes a la descuidada cajera, además de darle una buena lección.

A mayor cantidad de cambio de más, mayor satisfacción personal de devolverlo, y obviamente mayor posibilidad de enriquecimiento espiritual.

¿DUDAS QUE ESTO SEA VERDAD? HAZLO CUANDO LA OCASIÓN SE TE PRESENTE, Y VAS A DARME LA RAZÓN. LA RIQUEZA ESPIRITUAL SÓLO PUEDE ATESORARSE MEDIANTE ACTOS DE VERDADERA HONESTIDAD, HONRADEZ Y ABNEGACIÓN.

✝   ✝   ✝   ✝   ✝   ✝   ✝

CAPÍTULO X

JANIEL

ÁNGEL DE LA AMISTAD

Intercede por mí ante Dios, a fin de que me concedas tu buen juicio y asistencia.

Ahora entiendo mejor que nunca, que un buen amigo es la mayor fortuna que puede tenerse en esta vida, siempre y cuando se entienda perfectamente lo que es la verdadera amistad.

'Nadie es una isla en sí mismo', siempre será necesario, agradable y conveniente recurrir a los demás en general, pero no hay como recurrir a alguien en especial; no precisamente para pedirle algo, sino para sentir de cerca el cariño de alguien, que al igual que uno, desea crecer y superarse constantemente.

RESPUESTA DEL ÁNGEL JANIEL

"Mi nombre es Janiel, y el don que Dios me permitió difundir por toda la Tierra es el de la amistad, la cual resulta, o debe resultar, al igual que todas las buenas relaciones humanas, un acuerdo tácito de mutuo crecimiento.

LAS MALAS EXPERIENCIAS EN CUANTO A LA AMISTAD, DE LAS CUALES MUCHOS HUMANOS SE QUEJAN AL GRADO DE NO CREER EN ELLA, SON SÓLO RESULTADO DE POSEER UN CONCEPTO EQUIVOCADO DE LO QUE ES REALMENTE LA AMISTAD.

Hay quienes basan la amistad en un apoyo mutuo incondicional, el cual a final de cuentas, en múltiples ocasiones, falla: `Yo estuve con él o con ella en las buenas y en las malas; en cambio, cuando yo necesité de él o de ella, me falló´.

Analiza tú este concepto muy tradicional y muy difundido de la amistad, y estarás de acuerdo conmigo en que resulta verdaderamente mezquino.

La verdadera amistad no debe entenderse sólo como un toma y daca: `Tú necesitas de tiempo, yo te lo ofrezco incondicionalmente; yo necesito una regular o fuerte cantidad de dinero porque me encuentro en un apuro económico, y tú me la facilitas sin cobrarme intereses; etcétera.´

Nc, definitivamente no; la amistad basada exclusivamente en este tipo de apoyos resulta sumamente peligrosa. ¿Por qué? Porque en cualquier momento la balanza puede inclinarse de un extremo o del otro, dando lugar por un lado al abuso, y por otro, a la dependencia.

Aquel que cede incondicionalmente a las constantes solicitudes de apoyo de su amigo íntimo, terminará finalmente por fastidiarse al darse cuenta de que su `amigo íntimo´ está abusando de él.

Por otro lado, aquel que acude constantemente en demanda de ayuda de su `amigo íntimo´, terminará por crear con él una fuerte dependencia, sin la que ya no podrá funcionar posteriormente.

Desde luego que en ambos casos existirá la posibilidad de SACAR PROVECHO de tales situaciones, lo cual, automáticamente, estará dando al traste con la gran amistad que en un principio pudo haber existido.

Aquel amigo incondicional, ahora convertido más que en protector, en padre de su antiguo amigo íntimo, puede, en cualquier momento, a futuro, disponer no sólo de su tiempo y servicios sino de su voluntad, lo cual habrá de convertirse para este último en un verdadero conflicto.

La fuerte dependencia creada con su `amigo protector´ le hará verse en la obligación de someterse a cualquier tipo de complicidad, no sólo como deber moral por los grandes y numerosos favores recibidos, sino por auténtica conveniencia.

QUÉ CRUDA REALIDAD PARA AMBOS, YA QUE EN LA MEDIDA QUE EL AMIGO PROTEGIDO CEDA ANTE LAS DEMANDAS DEL PROTECTOR, ÉSTE SE SENTIRÁ, IGUALMENTE, OBLIGADO A CONTINUAR PROTEGIÉNDOLO TAMBIÉN, NO SÓLO COMO UN DEBER MORAL SINO POR PROPIA CONVENIENCIA.

Como quiera, en el momento en que alguno de los dos se atreva a fallar a las demandas del otro, vendrá la decepción: `tantos favores recibidos, y ahora que necesito de él -por enésima vez-, no cuento con su apoyo´; o bien `lo he apoyado en todo lo que me ha pedido, y ahora que le pido que me saque del atolladero, no cuento con él´.

¿Es esto acaso un buen ejemplo de lo que es o debería ser una auténtica amistad? ¿Verdad que no?

Insisto, una verdadera amistad no debe basarse en intereses tan mezquinos. La verdadera amistad no debe resultar convencional -basada en convenios-, o convenenciera para que se entienda mejor.

En ocasiones, hay quienes mantienen, al paso del tiempo, las buenas amistades logradas desde el kínder. ¡Qué maravilla! ¿Qué querrá decir esto? Que de alguna manera, ésas han sido verdaderas relaciones de amistad, no incondicionales sino muy inteligentes (manteniendo cada uno su propia reafirmación personal -asertivas-), que a la postre habrán servido para la propia realización de cada uno.

Las buenas relaciones en general, ya sea entre padres e hijos o esposos y familiares, laborales, comerciales, sociales, etcétera, jamás deberán ser incondicionales; de serlo, alguien se estará entregando en charola de plata al abuso, o bien a la dependencia.

Analizando desde otro punto de vista, pero siguiendo la misma línea, debo reconocer que existen, sí, desde luego, buenas y malas influencias de los amigos o las amigas, sobre todo en la etapa adolescente que es cuando se fija el verdadero carácter y el futuro de los seres humanos.

POR LO REGULAR, LA AMISTAD SURGE DE VERDADERAS AFINIDADES: LÓGICO; POR LO TANTO, NO ES DE SORPRENDER QUE DICHA AMISTAD ADQUIERA UN CIERTO O FUERTE CARIZ DE COMPLICIDAD QUE A UNO Y A OTRO AMIGO LES HACE FALTA PARA PODER FUNCIONAR; SIN EMBARGO, ESTE CIERTO

GRADO DE COMPLICIDAD, DEBE SER VIGILADO MUY DE CERCA, TRATÁNDOSE DE ADOLES-CENTES, POR LOS PADRES DE AMBOS.

Cuando la amistad resulta negativa en los jóvenes, por lo general resulta nociva en ambos sentidos, es bilateral. Puede ser que uno de ellos tenga más experiencia que el otro y su influencia deba resultar, para éste, demasiado fuerte; sin embargo, de alguna manera, el que está aprendiendo malas costumbres, refuerza la conducta incorrecta del otro.

En tales casos, los padres de ambos, después de haber platicado al respecto, deberán de idear la manera de separarlos; no oponiéndose a la amistad entre los dos; esto no tendría éxito ya que favorecería la relación, sino tomando medidas más estrictas; esto es, recurriendo a la acción.

La complicidad entre amigos adolescentes debe ser tolerada por sus padres sólo hasta cierto punto, y siempre bajo su discreta pero estricta vigilancia.

Un joven debe analizar su amistad íntima con otro u otros compañeros, y reconocer que las buenas y malas influencias existen.

Comúnmente, un buen amigo es aquel con quien, al coincidir en multitud de circunstancias, gustos, habilidades, etcétera, tú te sientes bien, te diviertes, estudias y te preparas para una agradable y próspera vida futura.

Pero recuerda, la amistad no constituye de manera alguna una entrega incondicional irreflexiva, en la que puedan ponerse en juego tus principios o tu reafirmación como ser humano.

Precisamente, conservar las buenas amistades por tiempo indefinido, requiere, en todo momento, de actuar con toda la inteligencia posible, a fin de mantener incólume, tanto la propia integridad como la del amigo que más se quiere.

✞   ✞   ✞   ✞   ✞   ✞   ✞

CAPÍTULO XI

JARAEL

ÁNGEL DEL HONOR Y LA LEALTAD

Yo te pido que intercedas por mí ante Dios, para que me concedas tu amparo y compañía.

Son los verdaderos valores humanos que deben prevalecer en este mundo, a fin de hacer nuestros, lícitamente, nuestros derechos individuales.

Causar daño basándose en un derecho humano resulta totalmente desleal a la causa-efecto de los seres humanos. Sólo la desaprobación de la infamia puede salvarnos de la proliferación de corruptos a todos los niveles.

Mantener incólume la dignidad incorruptible, debe convertirse en el mayor de los afanes de todos y cada uno de nosotros.

Permíteme no dar crédito a la difusión de la falsa moral.

RESPUESTA DEL ÁNGEL JARAEL

"Mi nombre es Jarael, y el don que Dios me permitió difundir por toda la Tierra es el del honor y la lealtad, que es el de la razón de ser.

En este planeta Tierra y en cualquier otra parte del universo por más alejada que se encuentre, todo y todos tienen una causa, origen -la causa divina-, son efectos de dicha causa, y tienen una causa-efecto; es decir un para qué de su particular existencia.

A los humanos les corresponde, a cada uno, por lo tanto, descubrir dicha causa-efecto: ¿A qué vine a este mundo? Lo cual desde luego no a todos les es fácil descubrir: habrá quien se pase toda su vida tratando de desentrañar el misterio de la razón de su propia existencia, y su paso por esta vida transcurrirá, por lo tanto, sin saber lo que es el honor y la lealtad.

Quien lo descubre, cuida su honor; esto es, defiende su personal e individual causa de ser, y le es totalmente fiel: sabe lo que debe cuidar de sí mismo y se identifica, primero consigo mismo, con la causa de su propia existencia, y después con quienes, al igual que él, saben quiénes son, lo que quieren y hacia dónde van.

Y es justo en esta etapa que los conceptos de honor y fama se funden: En la medida que el ser humano se identifica con quienes defienden la causa-efecto de su propia existencia como lo hace él mismo, y lucha junto con ellos, el reconocimiento de su empeño trasciende, y le son rendidos honores.

Así surgen los caudillos, aquellos a quienes se les levantan estatuas en las principales ciudades de un país cuando su fama no trasciende allende las fronteras, o en todo el mundo cuando su reconocimiento es universal.

Ahora bien, por otro lado, ten muy en cuenta que fama e infamia son términos antónimos: la fama es o debería ser el reconocimiento de grandes hombres o mujeres reconocidos por sus virtudes; y la infamia, en cambio, implica igualmente reconocimiento, pero sólo de aquellos cuya vida personal o acciones, son sólo manifestación de la inversión de los auténticos valores humanos.

Así, hay quienes se hacen famosos -debería decirse infames- por sus grandes desacatos a las leyes, no sólo humanas sino divinas, disfrutando el reconocimiento de otros, que al igual que ellos, encuentran sustentable vivir en el desacato.

Dentro de una prisión, por ejemplo, suele suceder que quien merece más respeto, es quien ha demostrado cometer el peor delito de todos los que ahí se encuentran; es decir, se le rinde el ´honor´ de ser el peor de todos.

Esto es, en la vida diaria, tú podrás comprobar que en ocasiones, la infamia de aquel o aquellos cuyo desacato a la virtud haya trascendido mayormente, llega a ser superior a la fama de otros, verdaderamente leales a su propia causa-efecto y a la causa-efecto de los demás.

¿Qué significa esto? Que de alguna manera se le está dando mayor crédito al desacato de todo tipo de leyes, que a la labor auténtica de aquellos que luchan por el verdadero honor y lealtad propios y de sus congéneres.

En un mundo así, el proselitismo a favor de la corrupción -el peor de los males de este tiempo en cualquier parte del planeta-, infortunadamente surte efecto: la virtud tiende a convertirse cada vez más en un valor de segunda categoría.

URGE ENTRE LOS HUMANOS LA REIVINDICACIÓN DE LOS VERDADEROS VALORES HUMANOS, RINDIÉNDOLE HONORES Y RECONOCIMIENTOS A AQUELLOS CUYA VIRTUD, QUEDE DE MANIFIESTO DE ALGUNA MANERA

La humanidad en general está sedienta de verdadera justicia, basada no sólo en el reconocimiento de los derechos humanos, sino en la virtud de aquellos que luchan afanosamente por su propia razón de ser y la de los demás.

La inversión de verdaderos valores humanos, tiende a convertirse en este planeta Tierra, en una motivación cada vez más generalizada hacia la infamia: a mayor corrupción, mayor publicidad.

A la prensa en general, ya sea televisiva, radial o periodística, se le hace tarde para darle publicidad a las fechorías de los más grandes pillos, conscientes o no de que de alguna manera los convierten en héroes del desacato, pero a fin de cuentas `héroes´: `caray, éste sí que se pasó de listo´.

Mientras tanto, la labor de aquellos otros que luchan verdaderamente por el bienestar humano, permanece en el anonimato. ¿Por qué no se les hace al menos la misma publicidad a las actividades y acciones de estos otros? ¿Será porque a los corruptos poderosos les conviene que la corrupción sea entendida por todos como una tendencia natural de los seres humanos?

En tanto la morbosidad haga que los seres humanos estén al pendiente de las felonías de tanto pícaro, la corrupción continuará haciendo de las suyas.

La humanidad entera debe ahora, en todo el mundo, mostrarse indiferente ante la publicidad desmedida de todo tipo de actos de desacato, y dar crédito a quienes de una manera u otra, hagan algo creativo por sí mismos y por los demás.

URGE LA PRONTA REIVINDICACIÓN DE LOS VERDADEROS VALORES HUMANOS; AL MENOS ESO ES LO QUE YO VEO DESDE LAS ALTURAS EN QUE ME ENCUENTRO: `LOS TOROS SE VEN MEJOR DESDE LA BARRERA´.

Por el honor y la fama de quien realmente lo merezca."

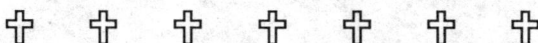

✟ ✟ ✟ ✟ ✟ ✟ ✟

En tanto la morbosidad haya que los seres humanos estén al pendiente de las telomas de tanto pícaro, la corrupción continuará haciendo de las suyas.

La humanidad entera debe ahora, en todo el mundo, mostrarse indiferente ante la publicidad desmedida de todo tipo de ocios de ostracio, y dar crédito a quienes de una manera u otra, hagan algo creativo por sí mismos y por los demás.

URGE LA PRONTA REIVINDICACIÓN DE LOS VERDADEROS VALORES HUMANOS; AL MENOS ES DE LO QUE YO VEO DESDE LAS ALTURAS EN QUE ME ENCUENTRO; LOS TOROS SE VEN MEJOR DESDE LA BARRERA.

Por el honor y la fama de quien realmente lo merezca.

✝ ✝ ✝ ✝ ✝ ✝ ✝ ✝ ✝

CAPÍTULO XII

JERAEL

ÁNGEL DE LA CORDURA Y EL BUEN RAZONAMIENTO

Intercede por mí ante Dios para que me permita invocar tu auxilio y compañía.

En este mundo moderno en el que el avance de la ciencia y la tecnología está a la orden del día, hace falta actuar sabiamente a fin de no dejarse envolver por una modernidad, que si bien hace falta siempre y cuando sea empleada para bien, también trata de convertirnos a los seres humanos, en la medida que nos desplaza, en verdaderos robots sin sentimientos ni calor humano.

Permíteme que sea yo mismo quien, personalmente, sea capaz de recuperar mi sensibilidad humana, sin tener que recurrir a mecanismos automáticos para restablecerla.

A pesar de toda la funcionalidad que los nuevos inventos puedan proveernos, la felicidad es algo que yo, solamente yo, me puedo dar.

Viva la sabiduría.

RESPUESTA DE ÁNGEL JERAEL

"Mi nombre es Jerael, y el don que Dios me permitió difundir por toda la Tierra es el de la cordura y el buen razonamiento, que es el de la prudencia.

Prudencia es sabiduría, saber tomar decisiones acertadas con base a una experiencia milenaria y previendo el futuro, pero sobre todo, una garantía total de buena intención en todas las acciones.

¿Por qué una garantía total de buena intención en todas las acciones? Porque SI EL SABIO ACTUARA DE MALA INTENCIÓN, DEJARÍA DE SER SABIO, SIMPLEMENTE.

Ser sabio implica además, ser capaz de imponerse una estricta disciplina de superación constante; esto es, ser capaz de discernir perfectamente entre lo beneficioso y lo nocivo, y decidirse por lo primero.

A diferencia del científico quien debe marchar al ritmo de la modernidad, ya que el paso del tiempo lo enriquece, el sabio se recrea en conocimientos ancestrales cuyo valor, al contrario de los conocimientos científicos, pareciera disminuir conforme pasa el tiempo.

Al sabio le corresponde mantener vigentes esos conocimientos atesorados al paso de los siglos ya que de no hacerlo, serían devorados por la modernidad.

He ahí el papel tan importante que juegan los sabios de nuestros días, de quienes podría afirmarse, que a mayor antigüedad de sus conocimientos, ellos resultan más sabios y más actuales.

Si no, ¿cómo explicarse que un sabio de veinte años pueda resultar más sabio que un hombre común de ochenta? El hecho de que un hombre común tenga ochenta años, no garantiza que sus conocimientos sean en realidad más sabios: ¿qué son ochenta años de experiencia contra miles de años de antigüedad de los conocimientos que puede poseer un sabio joven de veinte? Absolutamente nada.

Definitivamente, la edad no tiene nada que ver con la mayor o menor sabiduría: todo depende de la fuente a la que el verdadero sabio recurre para nutrirse de conocimientos, y de su capacidad para cimentar con ellos un estilo particular de vida.

No obstante, tómese muy en cuenta que con lo anterior no estoy de manera alguna sugiriendo que se le pierda el respeto a las personas mayores; no, de ningún modo. Una persona mayor, por el simple hecho de serlo, merece el mayor respeto.

Además, hablando de personas comunes, resultará lógico deducir que una persona de ochenta años deba poseer mayor conocimiento de la vida que un jovencito de veinte. Los verdaderos sabios no suelen proliferar; aunque la sabiduría no es privativa de unos cuantos, pocos son los que se atreven a adentrarse verdaderamente en ella, y mucho menos a vivirla.

La verdadera sabiduría, va mucho más allá de la propia experiencia acumulada durante un número indeterminado de años, y aun de la ajena; sin embargo, es importante puntualizar que quien es capaz de experimentar en cabeza ajena, ya tiene un punto a su favor.

EL VERDADERO SABIO LOGRA DESPERTAR ESE SEXTO SENTIDO LLAMADO INTUICIÓN; ¿CÓMO? POR MEDIO DEL ESTUDIO Y LA DISCIPLINA QUE GENERALMENTE SE IMPONE A SÍ MISMO.

Esto es, es mucho lo que tiene que estudiar el sabio para dejar que sea su corazón, finalmente, quien decida, tratándose de tomar decisiones importantes.

En cuanto a las fuentes de sabiduría, es sabido que los conocimientos más sabios son aquellos que se transmiten de persona a persona; es decir, de maestro a discípulo; por lo tanto, **si tú eres maestro, busca a tu discípulo, y si te consideras discípulo, busca a tu maestro.** Por lo general, maestro y discípulo se identifican de inmediato, quizás con una simple mirada.

Por otro lado, considero que el maestro debe escribir, y el discípulo debe leer. Adopta tu propio rol, si es que realmente te interesa la sabiduría,

Por todos los sabios que en el mundo han sido."

✝ ✝ ✝ ✝ ✝ ✝ ✝

CAPÍTULO XIII

JILASAEL

ÁNGEL DE LA VALENTÍA Y DEL VALOR

Intercede por mí ante Dios, a fin de que pueda invocar fuerza y energía.

En este mundo cada vez más demandante de auténticos potenciales humanos tanto en hombres como en mujeres, no hay lugar para los tímidos; por lo tanto, te pido fortalezcas aún más mi propio temperamento, a fin de que me sienta cada vez más seguro o segura de lo que soy y de mis propias habilidades, así como el derecho a poseer lo que lícitamente he obtenido de la vida.

Yo te prometo seguir siendo todo lo humanamente capaz para lograr todas mis metas, consciente de lo que arriesgo, ya que estaría dispuesto o dispuesta, en cualquier momento, a volver a empezar ante cualquier descalabro.

RESPUESTA DEL ÁNGEL JILASAEL

"Mi nombre es Jilasael, y el don que Dios me permitió difundir por toda la Tierra es el de valentía o el valor, que es el de la fortaleza interior.

Para algunos, el valor es considerado como capacidad del ser humano para vencer el temor. Es decir, partiendo de la supuesta realidad de que todo ser humano teme al fracaso, al peligro, al dolor, y hasta a la muerte, la valentía no sería más que la particular posibilidad de algunos de sobreponerse al miedo.

Por lo tanto, la cobardía, constituiría sólo la incapacidad para superar ese temor natural en todos los seres humanos, declarándose incapaces de actuar en situaciones difíciles en las que se pone en riesgo el bienestar, cualesquiera otras circunstancias favorables, y desde luego, la vida.

En el fondo, hay mucho más que esto: **la disposición para actuar en situaciones difíciles o verdaderamente riesgosas, constituye un auténtico potencial en aquellos seres humanos que la poseen, y tiene muchísimo que ver con su fortaleza interior.**

Una persona insegura -débil de carácter-, será debilitada aún más ante la necesidad de tener que decidir de inmediato ante cualquier situación crítica, y todavía más si dicha decisión pone en riesgo, de alguna manera, su bienestar actual.

La persona segura de sí misma, por lo contrario, ante situaciones difíciles, `se crece al castigo´, y por lo general actúa con mucha mayor inteligencia, habilidad, y acierto; esto es, nadie podría imaginar siquiera que en condiciones críticas, el valeroso se está sobreponiendo al temor, sino que sus disposiciones para actuar diligentemente bajo todo tipo de presiones, es algo que forma parte de su naturaleza intrínseca.

El verdadero valiente no vence al miedo, lo desconoce; el cobarde, por otro lado, podrá actuar `valientemente´ en un momento dado, pero en su caso, efectivamente, sólo habrá sido capaz de actuar con valor en la medida que haya sido capaz de vencer el temor.

Ahora bien, ¿puede el valiente tornarse cobarde, y el cobarde, valiente? Existe la lejana posibilidad de que el valeroso pudiera acobardarse; sin embargo, por lo general, la persona de carácter firme difícilmente perderá la seguridad en sí misma.

Por lo regular, cuando la seguridad en sí mismo existe, ésta tiende a aumentar con el tiempo. Sin embargo, por otro lado, la falta de seguridad en sí mismo de algunos, puede disminuir e incluso desaparecer, en la medida en que ellos concientizan en primer lugar su falta de carácter, y comienzan a reafirmar, poco a poco, su propia personalidad.

El individuo temeroso, por lo regular, actúa con miedo debido a programaciones pasadas que lo han hecho sentir no merecedor de lo que realmente le pertenece: el derecho a vivir; lo cual redunda generalmente en una aparente incapacidad para desenvolverse libremente; ya el Ángel Silael hablará de la libertad más adelante.

Mientras tanto, te diré que, simplemente, el sometimiento total a otras voluntades, ya sea espontánea u obligadamente, coarta la habilidad de decidir personalmente ante todo tipo de circunstancias.

De esta manera, la timidez puede llegar a formar parte integral del carácter de una persona que, infortunadamente, así ha sido educada.

En tales casos, **será necesario reprogramar verdaderamente la conciencia de quienes hayan recibido una educación negativa, haciéndoles sentir, primeramente, sus propios derechos humanos, y créan-**

doles conciencia, posteriormente, de sus propias y grandes habilidades.

Todo ser humano es capaz de actuar de manera reafirmante y valiente, siempre y cuando sea capaz de mantener incólume su autoestima, o bien de irla creando poco a poco.

'EL QUE NO ARRIESGA NO GANA'. AHÍ ESTÁ DICHO TODO, QUIEN ARRIESGA ES PORQUE TIENE ALGO QUE ARRIESGAR; ES DECIR, LO ESTARÁ PONIENDO EN PELIGRO CON LA INTENCIÓN DE LOGRAR ALGO MÁS, Y SE PERFILA TRIUNFADOR.

En caso contrario, quien no arriesga es porque en principio tal vez no tenga qué arriesgar, y si lo tiene no se siente seguro de ser capaz de volver a empezar de cero, perfilándose perdedor.

Si tú te consideras a ti mismo como un individuo osado, ¡felicidades! Pero de no ser así, analiza tu propia personalidad, y reprográmate. Tú puedes."

✞ ✞ ✞ ✞ ✞ ✞ ✞

CAPÍTULO XIV

KARIEL

ÁNGEL DEL TRABAJO Y EL ESTUDIO

Intercede por mí ante Dios, a fin de que pueda invocar tu amparo y compañía.

Como adolescente, te pido que me permitas poseer la claridad de mente necesaria para saber diferenciar entre las diversas influencias que recibo, y optar por aquellas que resulten positivas y viables para mi buen desarrollo como adulto.

Y a los adultos, que los motives a corregir toda programación negativa que hayan podido recibir durante su niñez y su adolescencia, a fin de desempeñarse como personas creativas y trabajadoras, capaces de satisfacer todas y cada una de sus necesidades, tanto materiales como espirituales.

Por el estudio eficiente, y el trabajo productivo.

RESPUESTA DE ÁNGEL KARIEL

"Mi nombre es Kariel, y el don que Dios me permitió difundir por toda la Tierrra es el del trabajo y el estudio, que son las claves del auténtico crecimiento humano.

El ser humano vive principalmente dos etapas: una de preparación para la vida, y la otra de la aplicación de dicha preparación, no sólo para sobrevivir, sino para ser verdaderamente feliz.

Como quiera, el estudiante no solamente estudia: vive; y asimismo, no sólo el adulto trabaja: también debe continuar cultivándose en su afán de superarse interminablemente mientras permanezca con vida. **Si a un ser humano le quedara un solo día de vida, aun así debe aprovecharlo para ser mejor al día siguiente.**

La preparación del ser humano debe ser integral; esto es, debe aprender a ser un individuo físicamente sano y fuerte, por lo que la educación física le es indispensable, como le es indispensable aprender a fortalecer su carácter, y también cultivar su mente.

En cuanto a su preparación física, por lo general cada adolescente hace lo propio, sobre todo cuando es debidamente guiado por uno o varios profesores especializados: `Mente sana en cuerpo sano´.

Por lo que se refiere a su preparación académica, ésta debe ser integral hasta donde más sea posible, de tal manera que tanto sus inquietudes espirituales como materiales sean debidamente encaminadas hacia un conocimiento universal: `Cuerpo sano en mente sana´.

Y en cuanto a la formación de su carácter, el niño y el adolescente, deben crecer en un medio ambiente que influya favorablemente para un sano desarrollo, ya que esto constituirá la consabida programación que habrá de prevalecer en él durante toda su vida.

He ahí el aspecto, desde luego, más importante de la formación del ser humano: sus principios. Y no es que la escuela lo sea menos; lo que sucede, es que dependiendo de la formación de su carácter, el estudiante resultará eso: buen o mal estudiante.

Hasta ahora se le ha dado toda la importancia a la educación que el niño y el adolescente reciben en sus propios hogares, lo cual por supuesto, resulta fundamental. Sin embargo, poco se ha mencionado, o quizás en lo absoluto, la determinante influencia social que el estado ejerce sobre la juventud.

El adulto es fruto no solamente de lo que aprendió en la casa y la escuela, sino también del medio social y político en el cual vive sus primeros años. Los niños son enormemente receptivos y sensibles; por lo tanto, ¿cómo imaginar que toda esa publicidad negativa que se hace a través de los medios informativos no influya de manera determinante en su caçrácter?

Tal clamor haciéndole publicidad a la incapacidad y malos manejos de infinidad de dirigentes políticos a bajos, medios y altos niveles en todo el mundo, no puede menos que programar negativamente a la juventud.

Es verdad, la educación que el alumno demuestra en la escuela, es aquella que aprendió en su casa: ni duda. Pero la educación que recibe directamente del estado, también su casa de alguna manera, ¿es la adecuada?

Un niño ve a su padre golpear despiadadamente a su madre todos los fines de semana en que éste llega pasado de copas a su casa; desde luego esto influirá negativamente en su conciencia cuando él llegue a la edad adulta: `si mi padre golpeaba a mi madre cuando llegaba en estado de ebriedad, ¿por qué no repetir yo la

misma conducta y crear una secuencia de padres
golpeadores?´

Totalmente cierto; sin embargo, **¿cuál es la educación que el niño y el adolescente reciben del estado?
Salvo contadas excepciones, sólo malos manejos y
corrupción, prepotencia, y falta de preparación.**

¿Y cuál es la programación predominante en este
sentido?

La misma, exactamente la misma: `Cuando yo
llegue a diputado, haré exactamente lo mismo´.

Poco o nada se ha reflexionado al respecto, y aquí
está mi granito de arena, desde las alturas.

En cuanto al trabajo, labor propia de los adultos, ya
que los adolescentes no deben trabajar sino dedicarse al
estudio de tiempo completo, resulta o debe resultar no
sólo una obligación, sino un remedio para el aburrimiento.

**El ocio es padre de todos los vicios; por lo tanto,
quien trabaja arduamente, se vacuna contra el alcoho-
lismo, en principio, mal del tiempo que viven los
humanos.**

Ahora bien, como razón de ser, mediante el trabajo
se cubren o deben cubrirse las necesidades mayores y
menores de todo hogar, por lo que en este aspecto se debe
ser totalmente realista.

La calidad integral que debe prevalecer en el ser humano, tiene su principio en la hábil administración de sus capacidades; esto es, su percepción económica deberá encontrarse siempre en razón directa con la calidad de su desempeño.

Desempeño de alta calidad y percepción de baja calidad revelan, automáticamente, una mala administración personal. Todo ser humano debe saber o aprender, a cobrar por sus servicios, y el que paga por ellos debe entender, o aprender a entender, que lo que vale, cuesta.

El `trabajólico´ -vicioso del trabajo-, corre un grave riesgo: puede ser que se encuentre demasiado embebido realizando un trabajo de la más alta calidad, pero sufra carencias económicas por desatender la administración de su mismo exagerado trabajo.

Mucho cuidado. Trabajar mucho no está mal, pero no saber cobrar lo debido por lo que se hace, eso sí que está muy mal.

Todo parece indicar que la libre empresa constituye el futuro económico de la humanidad en cualquier país del mundo; sin embargo, ¿cómo lograr esa independencia económica? Sólo mediante la acumulación de un cierto capital, capaz de respaldar una empresa propia y particular, por pequeña que ésta sea.

¿Cómo ser capaz de ahorrar cuando lo que se percibe apenas alcanza para sobrevivir? La solución no está en comer menos, sino en cobrar más. He ahí mi propuesta.

Estudiar, adiestrarse y trabajar bien adminis-
trado, deben resultar factores insustituibles para el
progreso de todos y cada uno de los seres humanos."

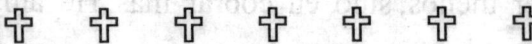

✝   ✝   ✝   ✝   ✝   ✝   ✝

CAPÍTULO XV

LOSILAEL

ÁNGEL DE LA PERSEVERANCIA

Intercede por mí ante Dios, Ángel Losilael, para que mediante tu amparo y compañía, pueda hacer de la perseverancia mi auténtico estilo de vida.

Aunque no me considero una persona inconstante, quisiera pedirte que me brindes tu apoyo porque sueño con lograr grandes metas. ¿Hasta dónde la perseverancia juega un papel importante para alcanzarlas?

Mi mentalidad es de triunfador, y es por eso que solicito de tu gran apoyo.

RESPUESTA DEL ÁNGEL LOSILAEL

"Mi nombre es Losilael, y el don que Dios me permitió difundir por toda la Tierra es el de la perseverancia, que es verdaderamente, como reina de las virtudes, la clave del éxito.

`EL QUE PERSEVERA ALCANZA´; ESTO ES, AQUEL QUE PERSISTE INCANSABLEMENTE EN SU EMPEÑO HASTA EL FINAL, VERÁ SU ESFUERZO, INVARIABLEMENTE, CORONADO POR EL TRIUNFO.

Definitivamente, la perseverancia es, sin lugar a dudas, el mayor potencial que puede poseer un ser humano. Espero que tú realmente la poseas.

De ser así, nunca dejarás estudios a medias o trabajos sin terminar, ni desistirás jamás de llevar a cabo cualquier empresa que inicies, ya sea de negocios, social o quizás amorosa.

Ahora bien, ¿qué es lo que se requiere para fortalecer un espíritu perseverante? Fe en sí mismo. **Aquel que cree en sí mismo, es capaz de lograr todo lo que se propone.** ¿Porqué? Porque actuará con plena conciencia de que puede; y si puede, logrará lo que se propone.

En el mundo no hay cosa que se quiera que no se consiga. Todo depende de que realmente se quiera. He ahí el problema, hay quienes luchan por algo que en el fondo no desean, y esa es, en principio, la verdadera razón de sus fracasos.

Les habrá hecho falta ese impulso definitivo que les habría permitido lograr lo que se proponían. ¿Por qué? Porque en realidad no lo deseaban verdaderamente.

La perseverancia falla en la gente tibia, la que no se entrega totalmente a sus propios afanes y profundos anhelos. Obsérvese a los grandes triunfadores cómo son gentes apasionadas y entusiastas, incapaces de dejarse vencer por las peores críticas y circunstancias adversas. Ellos siempre se salen con la suya. ¿Cómo? Sólo ellos lo saben, pero lo logran. Definitivamente, quien desea algo vehementemente, lo consigue.

Analizándolo bien, la perseverancia, reina de las virtudes, viene a ser la continuación de muchas más: ser perseverante implica ser valeroso, osado, perfeccionista y al mismo tiempo tolerante, mantener firme el sentido del humor, estudiar, capacitarse y trabajar mucho, ser prudente pero jamás débil, fraternal y amoroso, etcétera.

LA REINA DE LAS VIRTUDES: eso es la perseverancia. Esa fuerza interior que constantemente te dice: `no desmayes, continúa, te falta poco, o quizás te falta mucho pero estás avanzando, no mires hacia atrás, sigue adelante´.

Reina de las virtudes, sin ella no existe posibilidad de éxito. **Es la gota de agua constante que poco a poco perfora la roca**, la razón insistente que convence al escéptico, y la caricia amorosa, que sin dejarse vencer por la indiferencia o el desprecio, ablanda el corazón más duro.

La insistencia nunca falla, nunca te dejes convencer por un NO por definitivo que parezca. Después de una buena cantidad de NOES, llegará el SI que tanto anhelas. Todo está en perseverar. Jamás desistas en aquello que realmente deseas; si de verdad lo anhelas, llegará, insiste pacientemente."

✢   ✢   ✢   ✢   ✢   ✢   ✢

CAPÍTULO XVI

MERISU

ÁNGEL DE LA SERENIDAD

Amado Ángel Merisu, intercede por mí ante Dios, a fin de que me permita solicitar tu auxilio y compañía.

En momentos de apuros y gran tensión es difícil mantener la calma, como es difícil, mantenerse sereno ante situaciones en las que por una razón o por otra uno pierde verdaderamente los estribos.

¿Qué hacer en tales casos? ¿Cómo puede uno decidirse por lo que más le favorece, encontrándose bajo circunstancias totalmente adversas?

Espero que me des una buena respuesta que me sirva como lineamiento en el futuro.

RESPUESTA DEL ÁNGEL MERISU

"Mi nombre es Merisu, y el don que Dios me permitió difundir por toda la Tierra es el de la serenidad, el cual consiste en mantener tanto la calma como el sentido del humor, bajo cualquier presión.

La calma implica control personal, sobre todo tratándose de tomar decisiones importantes o de enfrentarse a circunstancias adversas, en las cuales se ponga en riesgo ya sea el éxito de una empresa, cualquiera que ésta sea, o bien la tranquilidad, y en caso extremo la felicidad.

Y bien, mantener la calma infiere control personal; pero ¿cómo mantener ese control personal? En primer lugar no precipitándose a actuar, sino tomándose un compás de espera. En condiciones de apremio o tensión, jamás deben tomarse decisiones importantes.

Esto por un lado, además, físicamente, la relajación muscular y mental, así como las respiraciones profundas en un momento de gran tensión, deben resultar auxiliares efectivos.

En cuanto al sentido del humor, éste es toda una filosofía. En primer término, hazme el favor de no confundirlo con el humorismo. Mantener el sentido del humor no implica forzosamente, andarse riendo todo el tiempo o bien hacer esfuerzos sobrehumanos por hacer reír a los demás, por lo regular, con muy malos resultados.

Hay gente divertida, de eso no cabe duda, y eso debe constituir para ella un gran potencial; a esto podría llamársele ser chistoso. Pero tratar de hacerse el chistoso constantemente cuando no se es, eso sí que resulta fatal.

El humorismo, de verdad, es un gran arte, y mis respetos para quien lo sepa manejar hábilmente, pero de verdad.

En cuanto al sentido del humor, esto sí es, repito, toda una disciplina.

Para empezar, mantener el sentido del humor no significa de manera alguna tragarse corajes o contrariedades. Esto puede resultar demasiado peligroso para la salud de cualquiera. Aun quienes entienden perfectamente lo que es el sentido del humor, opinan que los corajes deben exteriorizarse; esto es, aconsejan explotar.

Concretamente, cuando los berrinches ya están ahí, lo mejor, creo yo también, es echarlos fuera. Luego entonces, *el sentido del humor no consiste en saber controlar el berrinche.* No, de ninguna manera.

Entonces, ¿en qué consiste el sentido del humor? Muy sencillo: *El sentido del humor consiste en no contrariarse jamás; esto es, en no permitir que las adversidades hagan mella en el ánimo de quien afectan.*

Los percances no deben sorprender a quien los sufre, por lo que, en este sentido, conviene mantenerse siempre a la defensiva.

Ninguna adversidad, por mucho que se mentenga el sentido del humor, hace reír a nadie; sin embargo, mantener la serenidad no pretendiendo hacer un drama del menor contratiempo o de la mayor fatalidad, resulta siempre constructivo y sano.

Mi consejo, pues, ahí lo tienes: relajación, respiraciones profundas, compás de espera, y no perder jamás el sentido del humor; esto es, jamás dejarse vencer por el percance, la adversidad, y en caso extremo, la fatalidad.

Una vez superado el momento crítico, resulta sumamente saludable mantenerse en acción. Tener que centrar la atención obligadamente en otros asuntos

que no sean la adversidad de cualquier tipo que haya
acontecido, siempre da buenos resultados.

✝   ✝   ✝   ✝   ✝   ✝   ✝

CAPÍTULO XVII

MIREL

ÁNGEL DE LA FAMILIA

Intercede por mí ante Dios, a fin a mejorar las relaciones familiares de mi hogar. De por sí son buenas, pero pueden ser mejores.

En la medida que cada uno de nosotros entienda mejor el papel que le corresponde desempeñar, la armonía entre nosotros dentro del hogar resultará mejor, y todos seremos más felices.

¡Viva la familia!

RESPUESTA DEL ÁNGEL MIREL

"Mi nombre es Mirel, y el don que Dios me permitió difundir por toda la Tierra es el de la familia, que es el de la armonía entre cónyuges, padres e hijos, y hermanos.

Originalmente la familia era mucho más numerosa, no precisamente porque hubiera más hijos, sino porque en la medida en que éstos contraían matrimonio, los hijos políticos se iban incorporando, ya fuera a la familia de uno o de otro, resultando integrada, finalmente, por una gran cantidad de familiares y parientes.

En la actualidad, aunque las relaciones familiares suelen persistir entre familias, cada una se integra de manera individual e independiente; esto es, **una familia consta de padre, madre e hijos.**

En la medida que los hijos van contrayendo matrimonio, forman cada uno su propia familia, instalan su
propio hogar, y padre y madre -los esposos-, se respon-
sabilizan de sacarlo adelante en todos sentidos.

**Cada uno de los integrantes de una familia re-
sulta importante para los demás, y es por ello que cada
uno de ellos debe desempeñar el papel que le corresponde de la mejor manera.**

Desde luego, es importante que la buena relación
afectiva entre los jefes de la familia, persista indefini-
damente, ya que de ello dependerá que ellos mismos
sean felices, y que exista igualmente un mutuo empeño
por la educación y el crecimiento de los hijos.

Y los hijos, en la medida que van creciendo,
deberán aprovechar al máximo los recursos que sus padres pongan a su disposición para educarse, y deberán
igualmente, respetarlos y amarlos.

Remontándose a la historia, en el siglo V, el filósofo
Platón propuso que los niños fueran entregados al Estado para que éste se hiciera cargo de educarlos en
conjunto, y que ni siquiera conocieran a sus padres.

Desde luego, tan extremista e inhumana propuesta
jamás fue llevada a cabo, pero debe, de alguna manera,
hacer reflexionar en el presente, respecto a la enorme
responsabilidad que al Estado le corresponde por lo que
se refiere a los niños.

Legalmente, un niño lo es desde su nacimiento hasta los dieciocho años, aunque dependiendo de sus cir-

cunstancias individuales, algunos se ven obligados a madurar a los cinco.

La cantidad tan enorme de niños que deambulan por las calles del mundo sin una familia a la cual acogerse, resulta una muy dolorosa realidad. De ahí la importancia de analizar lo que es o debe ser una familia bien constituida, pero también la enorme reponsabilidad del Estado en cuanto a la educación y bienestar de los infantes.

Los hijos pertenecen y son responsabilidad directa de sus padres; sin embargo, el apoyo del estado para su formación, debe resultar totalmente efectiva. Mucho se ha logrado a la fecha, pero todavía queda muchísimo más por hacer.

La madre soltera que finalmente se hace cargo por completo de la educación de sus hijos, en la actualidad, resulta digna de todo respeto; también hay que reconocer que se dan casos de padres solteros, aunque con menor frecuencia.

COMO QUIERA, LOS JÓVENES DEBERÍAN REFLEXIONAR EN QUE LA FAMILIA, COMO INS-TITUCIÓN PARA LA PROPIA FELICIDAD Y EDU-CACIÓN DE LOS HIJOS, RESULTA INSUPERABLE.

Imaginar que la madre pueda desempeñar total-mente el papel de padre y madre, resulta un tanto utópico: el papel de padre no se limita o debe limitarse a proveer a la familia, sino desempeñar debidamente el rol que, como hombre, le corresponde ocupar; ya sea como simple imagen, o bien para exteriorizar un criterio netamente masculino en un momento dado.

*No obstante, ya sea deliberadamente o de manera
circunstancial, al venir la separación de la unión matri-
monial -cuando la ha habido-, es la mujer quien finalmente se responsabiliza de la descendencia.*

Pero veamos las cosas, tú y yo, de manera más optimista. Son muchas más las familias que se conservan que
las que se desintegran, lo cual resulta prometedor en
cuanto a la posibilidad de generaciones futuras con
mayor conocimiento de causa de lo que significa el
matrimonio.

El reconocimiento actual, no sólo de los derechos,
sino de los auténticos potenciales de la mujer en compara-
ción con los del hombre, deben resultar, no en detrimento
sino a favor del matrimonio: **A mayor fuerza de la
mujer, mayor apoyo al hombre, Y VICEVERSA."**

✝ ✝ ✝ ✝ ✝ ✝ ✝

CAPÍTULO XVIII

MURIEL

ÁNGEL DE LA FRATERNIDAD

Yo te pido amado Ángel que intercedas por mí ante Dios Nuestro Señor, a fin de inspirar en mí la fraternidad.

Estoy convencido de que el amor es un recurso invaluable e insustituible para lograr buenas relaciones en la vida, pero me cuesta trabajo; hay personas que entre más las conozco menos me inspiran amor.

¿Qué es lo que me sucede?

RESPUESTA DEL ÁNGEL MURIEL

"Mi nombre es Muriel, y el don que Dios me permitió difundir por toda la Tierra es el de la fraternidad, la cual debe interpretarse como ese profundo respeto que debe o debería existir entre cada uno de los seres humanos.

De alguna manera, aun no tratándose del amor de pareja, el amor, en general, ejerce un poder de atracción entre unos y otros, cuando realmente existe.

Haciendo extensivo el amor fraternal; es decir no entendiéndolo sólo entre hermanos provenientes obviamente de los mismos padres: LA FRATERNIDAD PUEDE O DEBE PRODIGARSE A TODOS LOS SERES HUMANOS EN GENERAL, RECONOCIEN-

DO QUE, ANTE DIOS, TODOS SOMOS SUS HIJOS,
Y POR LO TANTO HERMANOS.

Entendida la filantropía como amor a la humanidad, sería magnífico que tú te convirtieras, de hoy en
adelante, en verdadero filántropo, lo cual implicaría que
te pusieras a estudiar todos y cada uno de los lineamientos
de dicha disciplina.

¡Qué más quisiéramos todos que en el mundo pre-
valeciera la filantropía! **El amor de los seres humanos,
unos a otros, es lo más maravilloso que cualquiera
pueda imaginar.**

Te decía que el amor, ya sea que se trate del amor
de pareja, entre padres e hijos, entre hermanos, el amor
a la patria, e incluso el amor a Dios, ejerce un poder de
atracción, al que ni uno ni otro se puede resistir.

**No obstante, cada uno de dichos tipos de amor
resulta definitivamente con un cariz diferente; pero si
lo analizas, encontrarás que hay algo en común entre
ellos: ese poder de atracción entre quienes se aman,
al que me he venido refiriendo.**

Poder de atracción que debe resultar, desde luego,
en respeto, que es el elemento fundamental a existir entre
aquellos que realmente se quieren.

Entre hermanos, hijos de los mismos padres, el
amor o el cariño y la lealtad, para que se entienda mejor,
resulta en ocasiones, un sentimiento obligado con el que
difícilmente se cumple.

¿Por qué? Porque infortunadamente el respeto entre hermanos ha brillado `por su ausencia´ desde siempre, y resulta de verdad imposible imponerlo de buenas a primeras.

De igual manera, el amor surge de la admiración de unos por otros; esto es, hermanos consanguíneos que no se quieren, estarán revelando una mutua mediocridad latente, que será necesario hacer desaparecer. Aquel que se siente orgulloso de su propio hermano, lo ama, lo quiere, lo procura, lo respeta; esto es darse a respetar del hermano o de los hermanos; no infiere propiamente ser más fuerte físicamente que él o que ellos, sino ser una persona cuyo afán de superación resulte evidente.

En conclusión, el respeto, única forma de demostrar amor a los demás, en general, surge de la verdadera admiración. Claro que habrá quien inspire ternura, protección, o en caso extremo lástima; sí, pero no. El amor fraternal verdadero es un sentimiento infinitamente condicionado, que sólo puede ser inspirado por muy pocas personas en la vida.

SIN EMBARGO, EL RESPETO, DEPENDIENDO DE QUÉ TANTO SE RESPETE UNA PERSONA A SÍ MISMA, PODRÁ PRODIGARSE ILIMITADAMENTE HACIA LOS DEMÁS, EN GENERAL, HACIÉNDOLOS SENTIRSE IMPORTANTES, VALIOSOS, Y ¿POR QUÉ NO? HASTA CIERTO PUNTO AMADOS.

Retomando la premisa de que el amor surge de la admiración, estoy de acuerdo contigo en que hay seres humanos que no se dejan amar. ¿Por qué? Porque todo lo que hacen, lejos de inspirar admiración, que es de donde surge el verdadero amor, inspira sólo desprecio.

¿A ti qué te queda con este tipo de personas? Respetarlas.

A aquel que no se le puede amar, se le respeta, simplemente. He ahí la alternativa.

"Respeto ante todo."

✟   ✟   ✟   ✟   ✟   ✟   ✟

CAPÍTULO XIX

OMISAEL

ÁNGEL DE LA VIDA

Te suplico intercedas por mí ante Dios, Ángel Omisael, a fin de que me brindes tu protección y compañía.

Entiendo que sólo el hecho de vivir es algo que debe agradecerse a Dios todos los días y en todo momento; pero, sin embargo, a veces uno siente que las fuerzas le faltan para continuar; sobre todo, cuando las cosas no salen como uno desea.

Estoy consciente de que la vida tiene sus altibajos; como quiera, puede haber momentos en que los bajos son tan profundos que uno se siente verdaderamente sepultado, sin alternativas aparentes, ni posibilidades de salir a flote.

Me dispongo a escucharte, y a hacer la parte que me corresponde a fin de entender, desde un punto de vista mucho más optimista, lo que significa realmente vivir.

RESPUESTA DEL ÁNGEL OMISAEL

"Mi nombre es Omisael, y el don que Dios me permitió difundir por toda la Tierra es el de la vida, que es la animación (de ánima, alma), principalmente, de los seres humanos.

Digo principalmente, porque tanto los animales como las plantas y aun las piedras, tienen su propia razón de ser; esto es, están animadas por Dios para cumplir una misión o por lo menos una función; la cual, por lo general, desempeñan admirablemente.

Y si no lo crees, observa los campos cómo reverdean con vegetales que habrán de servir de alimento a los humanos, a los animales, o tan sólo de ornato y purificación del aire que respiran tanto humanos como animales en general.

A propósito, la palabra animal, también viene del latín `ánima´ que como menciono anteriormente, significa alma; esto es: animación.

Los dibujos animados, tú lo sabes, son aquellos que, mediante una serie de técnicas fotográficas, adquieren vida, movimiento, acción.

EL ALMA ES, A FIN DE CUENTAS, EL SÍMBOLO DE LA VIDA, DE LA ACTIVIDAD, DEL POR QUÉ Y EL PARA QUÉ.

Tú ¡anímate!, ¡reanímate!, deja que tu alma viva, no te recrees del todo en las vivencias materiales, vive tu vida espiritual; quien no lo hace, no disfruta del más grande de los dones con que Dios le ha distinguido entre todos los cuerpos que existen en el universo.

El milagro de la vida en cada uno de los seres humanos es inmensamente superior, incluso, al de las estrellas. ¿Habías reflexionado en ello alguna vez? ¿Sí? ¡Qué bueno! Esto querrá decir que día con día, al levantarte, das gracias al Señor por el sólo hecho de estar vivo.

Das gracias a Dios por ser capaz, no sólo de experimentar a través de tus cinco sentidos, sino de pensar, analizar, y aun de remontarte a un mundo meramente espiritual, donde puedes encontrarte, en vida, frente a frente, con El Creador mismo.

DIOS LO ES TODO, MATERIA Y ESPÍRITU, ESTÁ EN TODAS PARTES Y ES, AL MISMO TIEMPO, EJE DE TU VIDA ESPIRITUAL.

DIOS FUE TÚ MISMO, ES TÚ MISMO, Y SERÁ TÚ MISMO PARA SIEMPRE. DIOS ES ETERNO E INFINITO COMO EL UNIVERSO.

¿Serías tú capaz de hacer un recuento de lo que ha sido tu vida, y planearla para un largo, muy largo plazo? ¿Podrías? Yo creo que sí.

Recapitular lo vivido no debería de manera alguna ensombrecer tu presente; sin embargo, es posible que algunos capítulos de tu existencia te resulten un tanto dolorosos. Esto, por un lado, pero por otro, recordar hechos pasados, entre más antiguos mejor, te hará vivir momentos agradables, los cuales, al traerlos a tu memoria, te harán sentir inmensamente feliz.

Este proceso resultará muy interesante, sobre todo en la medida que tú trates, personalmente, de analizar las experiencias, según tú buenas o malas que el solo hecho de vivir te haya proporcionado.

Si te dijera algo más, quizás te sorprenderías, ¿sabes? a los ojos de Dios todas y cada una de tus experiencias pasadas, para ti buenas o malas, son todas

positivas, pues debidamente digeridas, deben hacerte provecho.

Constituyen, de una manera u otra, elementos que deben servirte para crecer. Espiritualmente, el hombre no sólo crece; y a ti, tus propias experiencias de todo tipo, deben haberte hecho crecer. Entiéndelo así.

Sitúate pues en tu presente, analízalo como resultante de tu pasado, y comienza entonces a planear un futuro, en el cual, los errores del pasado, no debieran volver a repetirse, y asimismo debes insistir en las estrategias que, igualmente, en el pasado, te hayan dado buenos resultados.

Un individuo sin planes es un individuo sin futuro. No seas tú uno de estos. Trázate metas y ve considerando, paulatinamente, cómo vas aproximándote a ellas.

Como quiera, no hagas de la necesidad tu estrategia, piensa que todo aquello que se programa es susceptible a cambios, por lo tanto, ten la suficiente cordura para corregir la ruta cuando las circunstancias obliguen.

RECUERDA QUE `TODOS LOS CAMINOS LLEVAN A ROMA´; ESTO ES, POR UN MEDIO O POR OTRO HABRÁS DE CONSEGUIR LO QUE FIRMEMENTE TE PROPONGAS."

✠   ✠   ✠   ✠   ✠   ✠   ✠

CAPÍTULO XX

PLASIEL

ÁNGEL DE LA PACIENCIA

Permite, Señor, que el Ángel Plasiel interceda por mí ante ti, a fin de que me brinde su amparo y compañía.

Yo sé que paso a paso voy logrando un cierto grado de superación personal, pero en ocasiones me desespero; tal vez quisiera que de la noche a la mañana pudiera demostrar y demostrarme que ya poseo conocimientos suficientes para poderme proyectar de manera más efectiva.

Me considero una persona de mente abierta y constante; sé que voy por buen camino, y hasta ahora he logrado buenos avances; de cualquier modo, espero tu mensaje respecto a la paciencia.

RESPUESTA DEL ÁNGEL PLASIEL

"Mi nombre es Plasiel, y el don que Dios me permitió difundir por toda la Tierra es el de la paciencia, que es la virtud del maestro.

EL MAESTRO DE MAESTROS, DIOS NUESTRO SEÑOR, NUNCA PIERDE LA PACIENCIA CON CADA UNO DE LOS SERES HUMANOS QUE HABITAN ESTE PLANETA.

Él siempre espera que aprendan, de alguna manera, pero que aprendan. Y generalmente lo logra, los seres humanos aprenden, lentamente -como realmente debe ser-, pero aprenden.

Aprender a aprender no es cosa fácil, y esto es algo que el maestro, con frecuencia, no toma en consideración. Para que el alumno aprenda, hay que enseñarle primero a aprender.

El conocimiento es algo tan subjetivo que a veces vuela alrededor del estudiante sin que siquiera éste se percate de él. Los profesores ponen a su disposición el conocimiento, pero el alumno no lo `aprehende´.

Sí, aprehende con "h". El conocimiento no es fácil de capturar, se difunde, es huidizo. El alumno necesita tener el entendimiento extendido como si fuera una red, y con ésta cazar los conocimientos que el profesor deja volar en el aula.

El conocimiento se da, la clase se da, el profesor enseña, y por lo general son sólo unos cuantos los que de algún modo logran capturar, a fondo, los conocimientos del maestro.

Y el maestro continúa dando la clase, consciente de que al día siguiente deberá repetir lo mismo que enseñó hoy a fin de poder seguir adelante, con la esperanza de que alguno o quizás algunos de sus alumnos estén aprendiendo a aprender.

En ocasiones se habla de alumnos de lento apren-dizaje. ¿Pero es que acaso existe el aprendizaje rápido? No, definitivamente, el aprendizaje rápido no existe; el aprendizaje común es, de por sí, lento, muy lento, y cualquiera que se haya colocado alguna vez ante un grupo de alumnos lo podrá confirmar.

No hay paciencia mayor que la de un profesor. Dios los bendiga.

Como quiera, valga la oportunidad para recordarles a los maestros que *para que los alumnos aprendan, hay que enseñarlos primero a aprender.*

Si a los alumnos no se les ha enseñado a aprender, jamás aprenderán, y éste es el objetivo concreto de la enseñanza. Profesor y alumnos se reúnen en el aula, no para que el profesor enseñe, sino para que los alumnos aprendan.

Un buen profesor no es aquel que sabe mucho y enseña, sino aquel que aunque no sepa mucho, logra que sus alumnos aprendan. Lucirse como catedrático al frente de un aula, no tiene sentido si no logra que los alumnos aprendan.

En la medida en que los alumnos vayan aprendiendo, presionarán al maestro para que éste se supere, si es que sus propios conocimientos resultaran insuficientes, lo cual, de hecho, ya constituye una enseñanza exitosa.

La paciencia en combinación con la perseverancia, resultan fundamentales para la propia superación de cualquier individuo; la mínima falla con la aplicación de cualquiera de estos dos potenciales, daría al traste con el menor intento de mejoría en cualquier sentido; ya sea que fuera físico, intelectual, o espiritual.

LA SUPERACIÓN PERSONAL DE UN SER HUMANO DEBE SER INTEGRAL; ¿de qué sirve que una persona se supere físicamente si intelectualmente no mejora?

¿Y de qué sirve, igualmente, que alguien se supere física e intelectualmente, si sus principios morales no le permiten mejorar su conducta?

Contrariamente a lo que piensan todos aquellos que ven en la corrupción el único medio de superación económica, ésta se logra sólo mediante la posesión de grandes valores humanos.

Para que el progreso constante de una persona o una empresa resulte sólido y dinámico, debe basarse, desde luego, en la cooperación -que todos ganen-, en la honestidad y en la honradez. De otra manera, la supuesta mejoría económica resulta efímera.

Y desde luego, tal progreso constante se logra paso a paso, no de la noche a la mañana. El enriquecimiento instantáneo de alguien, de no ser mediante una gran lotería, siempre da qué pensar.

Todo es cuestión de paciencia y constancia, tratándose de mejorar. No lo olvides."

✝   ✝   ✝   ✝   ✝   ✝   ✝

CAPÍTULO XXI

ROSAEL

ÁNGEL DEL AMOR Y LA CARIDAD

Permite Señor, al Ángel Rosael, que interceda por mí brindándome su amparo y compañía.

En este mundo en el que me siento solo y olvidado por quienes amo realmente, debo recuperar mi propio valor y la fe en mí mismo y en los demás.

Bajo tu manto protector, Ángel Rosael, saldré adelante, victorioso, y dispuesto a seguir luchando cada día por ser mejor, no sólo para beneficio propio, sino de todos los que amo, y en general de todos los que me rodean.

RESPUESTA DEL ÁNGEL ROSAEL

"Mi nombre es Rosael, y el don que Dios me permitió difundir por toda la Tierra es el del amor y la caridad, que es el amor al prójimo.

Mi primera recomendación es que partas de la base sólida y firme de amarte a ti mismo.

`Nadie es capaz de amar aquello que desconoce´; por lo tanto, para amarte a ti mismo, será indispensable que te conozcas, que te reconozcas, que te des aquello que te resulte no sólo indispensable para sobrevivir, sino necesario para ser feliz, facilitándote, asimismo, discernir entre lo que te hace bien y lo que te hace mal.

Recuerda, además, que es mucho más sano saber amar que amar mucho. No te ames mucho, ámate bien. Saberte amar significará darte en abundancia lo que necesitas para resultar funcional en la vida, pero también negarte prudentemente a aquello que resulte pernicioso, o que quizás no te sirva ni para bien ni para mal.

Inclínate por aquello que de alguna manera te haga mejor. Si tú sabes lo que te hace mejor, entenderás aquello que hace mejores a los que amas.

Amándote a ti mismo, te resultará espontáneo y natural amar a Dios y a tus semejantes.

`Quien ama, da´; esto es, conoce la virtud de la caridad. `Dar y recibir´: he ahí el juego preferido de todos los humanos.

`TODO SER HUMANO ES CAPAZ DE DAR, PERO TODO SER HUMANO IGUALMENTE, DESEA RECIBIR.´ NADIE TIENE TAN POCO QUE NO SEA CAPAZ DE DAR, NI NADIE TIENE TANTO QUE NO LE EMOCIONE RECIBIR.

Y no imagines que sólo las cosas materiales son susceptibles a ser ofrecidas y aceptadas; también los bienes espirituales constituyen una gran riqueza para quien los posee y comparte con sus semejantes.

Ten el juicio suficiente para saber cuándo es más oportuno ofrecer una moneda que una palabra, pero también para saber cuándo una caricia o una palabra de apoyo puede resultar más reconfortante para quien se sienta solo o sufra más interiormente.

Pide cuando necesites, pero también sé capaz de dar cuando se te solicite.

TOMADO DE MI MANO PUEDES OLVIDAR EL RESENTIMIENTO Y LA AMARGURA. INVÓCAME MUY ESPECIALMENTE CUANDO SIENTAS QUE ALGUIEN TE HA HECHO DAÑO. YO TE AYUDARÉ A COMPRENDER, A PERDONAR Y A DEVOLVER BIEN POR MAL.

`Ser capaz de perdonar constituye la mayor de las virtudes´, aprende primero a perdonarte a ti mismo tus propios errores, a capitalizar tus malas experiencias, y a ver en los fracasos posibilidades de éxito.

`**Sólo quien nunca hace nada, nunca se equivoca´, si tú has cometido errores es porque has actuado, te has atrevido, y este solo hecho debe levantarte el ánimo.**

Recuerda que solamente tu voluntad cuenta para llevar a feliz término aquello que te propones. Circunstancialmente habrás de encontrarte siempre en medio de un enjambre de fuerzas creadas por los intereses particulares de cada uno de quienes te rodean.

Ten la energía suficiente para insistir cuando consideres que tu buena intención debe predominar; esto es, nunca finques tu beneficio en el perjuicio de alguien más, pero no desmayes cuando tu empresa deba resultar beneficiosa para ti y para quienes participen en ella.

Apóyate en mis alas cuando creas, equivocadamente, que no vales nada, que todo lo haces mal, que has cometido errores imperdonables.

Yo te transmitiré la compasión hacia ti mismo y el entendimiento de que eres una criatura del universo, un hijo de Dios que no tiene igual en todas las galaxias y los planetas, valioso por sí mismo y por lo que puede dar a los demás.

Sentir compasión por ti mismo no significa precisamente que debas sentir lástima por ti mismo; es decir, encontrar, no la justificación de tus errores sino la razón de haberte equivocado.

Yo te haré ver la verdad de que Dios es amor, de que perdona todo mal que hayamos hecho si nos arrepentimos verdaderamente.

`Ningún ser humano es perfecto´, y como tal, pudiste haber hecho mal a alguien, consciente o inconscientemente. Si tu mala acción fue consciente, sobre todo, arrepiéntete de todo corazón, de una vez por todas, y libérate de remordimientos.

Te recordaré en todo momento que el ser humano comete errores, y QUE ESOS ERRORES LO HACEN MEJOR, NO PEOR, porque le dejan una enseñanza valiosa para su futuro.

Te explicaré que la vida es una escuela en la que a veces no sabes la lección, pero que siempre tienes oportunidad de estudiarla y aprobar la materia más adelante; sea cual sea, trátese de amor, compasión o facilidad para perdonar.

Invoca a Dios y llámame a tu lado para que borre la amargura de tu corazón y la sustituya por amor y caridad.

Llámame y acercaré mi hombro para ayudarte a soportar tu carga con alegría.

Siempre estoy dispuesto a escuchar tu llamado. Jamás caerá tu voz en el desierto; y si aceptas escuchar mi voz, es posible que alguna noche silenciosa escuches el batir alegre de mis alas cerca de tu cabecera.

Te ama, Rosael, Ángel del Amor y de la Caridad."

✝ ✝ ✝ ✝ ✝ ✝ ✝

CAPÍTULO XXII

SILAEL

ÁNGEL DE LA LIBERTAD

Dame licencia Señor, para solicitar al Ángel Silael que interceda por mí ante ti, brindándome su amparo y compañía.

¿Qué puedes decirnos a los jóvenes amado Ángel Silael, respecto a la relación que existe entre libertad y pertenencia? A simple vista, se podría pensar que son dos valores un tanto incompatibles; sin embargo, imagino que existe, a pesar de todo, una posibilidad de cumplir con ambos.

RESPUESTA DEL ÁNGEL SILAEL

"Mi nombre es Silael, y el don que Dios me permitió difundir por toda la Tierra es el de la libertad, que es...

Libertad y pertenencia, son dos valores que deben manejarse unidos, siempre y cuando no se confundan: el primero con libertinaje, y el segundo con posesión.

La verdadera libertad implica mente abierta y desde luego, libertad de acción. Sin embargo, la libertad es, más que un estilo de vida, un estado mental que permite reconocer cualidades en todo tipo de personas e instituciones.

Ejemplo:

Una persona de mente cerrada, y confinada por las circunstancias que sea, en un penal, no podrá disfrutar obviamente de la libertad de poder entrar y salir del penal, pero tampoco de pensar libremente.

Al cumplir su condena y salir del reclusorio, disfrutará de la libertad de poder caminar por las calles sin que nadie se lo impida, pero si su mente continúa cerrada como siempre, su mentalidad será la de una persona encerrada en sí misma, la cual no se da la posibilidad de ser feliz, aun disfrutando de la libertad de acción.

Por otro lado, otra persona, pero con mente abierta, podría estar encarcelada, incluso injustamente, pero su libertad de pensamiento atenuará, de alguna manera, la injusticia que con ella se comete.

Al quedar libre, esta otra persona disfrutará nuevamente de la libertad de acción, pero también de su libertad de pensamiento, porque ésta no la habrá perdido nunca.

Esto es, **la libertad de acción constituye sólo un complemento de la libertad de pensamiento, la cual es la que realmente cuenta. ¿De qué sirve la libertad de acción cuando en el fondo se desconfía de sí mismo y de los demás, además de ver en todo momento sólo defectos y nunca cualidades?**

DEFINITIVAMENTE, LA LIBERTAD ES MÁS QUE TODO, UN ESTADO MENTAL ABIERTO A

TODO NUEVO CONOCIMIENTO, DEL CUAL EL
SER HUMANO HABRÁ DE NUTRIRSE.

En cuanto a la pertenencia, ésta resulta totalmente
necesaria a fin de ser capaz de actuar libremente. Cada
uno de los seres humanos en edad adolescente pertenece
al país donde nació; esto es, tiene una nacionalidad.

Pertenece a una familia; es decir, a unos padres y
a unos hermanos si los tiene; a una cultura, y posiblemente
ya, a una pareja.

Más tarde formará un hogar, y además de pertenecer
a sus padres, pertenecerá a sus hijos, quienes se referirán
a él como `SU padre o SU madre´.

¿Y qué significancia importante puede dársele a
dicha pertenencia? LA DEL COMPROMISO. Cada
ciudadano de cada uno de los países del mundo, está
comprometido con su país y con sus leyes. Estará
obligado a cumplir con una serie de deberes, so pena de
incurrir en una falta legal.

Cada hombre o mujer, al reconocer su pertenencia familiar, está comprometido a actuar de acuerdo
a los principios que en su hogar le hayan inculcado,
partiendo desde luego del más importante de todos: el
respeto que se debe a sí mismo o misma y a sus padres
y hermanos.

Asimismo, cada ser humano se debe a su propia
cultura, y debe ajustarse a ella, sin dejar de reconocer que
existen otras culturas y otras costumbres, que por tolerancia, debe considerar tan aceptables como las propias.

Y finalmente la pareja. Cada uno de los seres humanos es libre de formar una pareja con quien lo considere conveniente, y de formar un hogar, el cual habrá de permitirle progresar hasta donde él y ella se lo propongan.

LA LIBERTAD SIN PERTENENCIA; ESTO ES, SIN COMPROMISO, SÓLO CONDUCE AL LIBERTINAJE.

Al nacer, todo ser humano nace libre, sobre todo de mente, pero comprometido a su patria, con sus padres y con su cultura, básicamente.

La lealtad implica llevar una camiseta puesta, pero al mismo tiempo, ser capaz de reconocer y respetar los colores de cualquier otra camiseta."

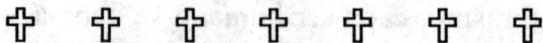

✝   ✝   ✝   ✝   ✝   ✝   ✝

CAPÍTULO XXIII

UNLIEL

ÁNGEL DE LA PROTECCIÓN

Permite, Señor, al Ángel Uniliel que interceda por mí, brindándome su amparo y compañía.

De alguna manera, en ocasiones uno necesita de la protección de alguien, y en otras, a uno le es solicitada protección, igualmente.

¿Cómo manejar ese tipo de situaciones? Solicitar protección resulta, en determinadas circunstancias, inevitable y, cuando a uno se le solicita protección, ¿debe concederla incondicionalmente?

RESPUESTA DEL ÁNGEL UNILIEL

"Mi nombre es Uniliel, y el don que Dios me permitió difundir por toda la Tierra es el de la protección, que es la cadena del bienestar.

A todos los seres humanos les es posible solicitar protección, y al mismo tiempo brindar protección.

Como quiera, entiéndase que **la protección y la amistad son dos valores que deben manejarse por separado. Un protector no debe ser forzosamente un amigo, ni un amigo debe ser forzosamente un protector.**

De cualquier modo, *para que la protección lo sea realmente, no debe implicar la compra ni la venta de voluntades.* La verdadera protección, como valor humano, debe manejarse con mucho cuidado.

El protector podrá estar dispuesto a brindar protección a su protegido, siempre y cuando el protegido no caiga en el abuso; esto por un lado.

Por otro, *el protegido podrá aceptar la protección de su protector, siempre y cuando esto no constituya una venta de sí mismo.*

Compromiso, sí, el compromiso que contrae el protegido con su protector, es el de agradecerle el favor a los favores recibidos, pero nada más.

Sin embargo, el protector no deberá suponer que el agradecimiento que le brinda su protegido será para toda la vida, ni que tal protección brindada le autoriza a disponer de él de manera incondicional.

Si existe alguno de los valores humanos que requiera de una abnegación absoluta, es la protección. Te repito, éste es un valor que debe manejarse con sumo cuidado.

Sin embargo, bien llevado este procedimiento resulta inevitable, ya que constituye de manera indudable la cadena del progreso.

No existe ser humano que pueda decir, sin mentir, que jamás ha recibido la ayuda de nadie. A pesar de todo lo que pueda decirse en contrario, cada ser humano encuentra siempre un alma blanca dispuesta a brindarle un apoyo cuando se le pide.

Del mismo modo, de una u otra manera todo ser humano ha ayudado a alguien a subir un peldaño más, y así sube la humanidad la escalera del progreso. Una mano ayudando a otra.

FINALMENTE, DIOS NUESTRO SEÑOR ES NUESTRO GRAN PROTECTOR. ES ÉL QUIEN MUEVE EL CORAZÓN SENSIBLE PARA QUE CEDA ANTE PETICIONES DE ALGUIEN QUE LO NECESITA".

✠   ✠   ✠   ✠   ✠   ✠   ✠

CAPÍTULO XXIV

VOSIEL

ÁNGEL DE LA ESPERANZA

Permite, Señor, al Ángel Vosiel que interceda por mí brindándome su amparo y compañía.

En este mundo en el que, por lo que vemos los humanos, podríamos esperar quizás sólo calamidades, hace falta escuchar la voz de la cordura.

Reanima en nosotros, Ángel Vosiel, la esperanza de vivir, en un futuro lo más cercano posible, un estado de paz y verdadera justicia, en el que podamos ver coronados nuestros verdaderos esfuerzos por ser mejores.

Me dispongo a escucharte.

RESPUESTA DEL ÁNGEL VOSIEL

"Mi nombre es Vosiel, el don que Dios me permitió difundir por toda la Tierra es el de la esperanza, que es la expectativa constante de un mejor futuro.

El que sabe esperar no desespera; esto es, el que sabe darle a todo su debido tiempo, logra, al final lo que realmente desea.

Sabe esperar, en principio, constituye una gran virtud, que sólo los grandes triunfadores poseen. Caer en la desesperación cuando lo que se espera tarda en llegar, trátese de lo que sea, puede inducirte a la acción irreflexiva, a la toma de decisiones precipitadas, o a desistir de tus empeños.

La desesperación es muy mala consejera, y hacerle caso puede, en realidad, retrasar todavía más lo que esperas al cometer verdaderas imprudencias.

Esperanza es saber esperar con tranquilidad, con seguridad de que lo que esperas ha de llegar, quizás con retraso, pero nunca demasiado tarde.

Esperanza y fe van o deben ir siempre unidas. Se espera, porque se sabe, se tiene fe en que la expectativa ha de hacerse realidad.

Mañana no es demasiado tarde cuando la realización de tu anhelo era esperado; todavía estarás a tiempo si tus expectativas son firmes y bien sustentadas.

La humanidad entera vive ahora con grandes esperanzas que habrán de hacerse realidades. Una de ellas, sin duda *la más importante de todas, es la reivindicación de los verdaderos valores humanos*; la cual habrá de llevarse a cabo a pesar de la gran cantidad de intereses creados en todos sentidos.

La honestidad y la honradez, así como el trabajo de la más alta calidad, harán el milagro de restablecer la paz en éste, el más bello de todos los planetas del universo. Te lo digo yo."

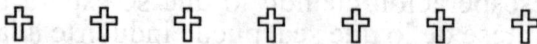

✟   ✟   ✟   ✟   ✟   ✟   ✟

Estampado y realce:

GRUPO IMPRESOR FZ

Tel.: 660 55 61 y

Fax: 664 14 54

Esta obra, que consta de 3,000 ejemplares más sobrantes para reposición, se terminó de imprimir el día 3 de enero del 2000, en los talleres de Editorial Libra, S. A. de C. V.

Tipografía: **Javier Muñoz González**
Composición Tipográfica:Times New Roman No. 13
LaserJet 4 Plus